S. FISCHER

DANA GIESECKE
HARALD WELZER (HG.)

ZU SPÄT FÜR PESSIMISMUS.

Das FUTURZWEI-Anti-Frust-Buch
für alle, die etwas bewegen wollen

S. FISCHER

Aus Verantwortung für die Umwelt hat sich der S. Fischer Verlag zu einer nachhaltigen Buchproduktion verpflichtet. Der bewusste Umgang mit unseren Ressourcen, der Schutz unseres Klimas und der Natur gehören zu unseren obersten Unternehmenszielen.

Gemeinsam mit unseren Partnern und Lieferanten setzen wir uns für eine klimaneutrale Buchproduktion ein, die den Erwerb von Klimazertifikaten zur Kompensation des CO_2-Ausstoßes einschließt.

Weitere Informationen finden Sie unter: www.klimaneutralerverlag.de

MIX
Papier aus verantwor-
tungsvollen Quellen
FSC® C014496

Erschienen bei S. FISCHER
Frankfurt am Main, August 2022

© 2022 S. Fischer Verlag GmbH, Hedderichstr. 114,
D-60596 Frankfurt am Main

Das Copyright der Abbildungen liegt bei den Autor:innen.
Das Copyright für das Bild auf S. 138 liegt bei Thomas Eisenkrätzer.
Satz: Dörlemann Satz, Lemförde
Druck und Bindung: GGP Media GmbH, Pößneck
Printed in Germany
ISBN 978-3-10-397183-5

Inhalt

DANA GIESECKE UND HARALD WELZER

Einleitung

Wenn alle Stricke reißen, häng ich mich auf! Das Paradoxale ist, besonders wenn es wie bei Johann Nestroy witzig daherkommt, eine emanzipatorische Kraft. Denn, ja, das Leben steckt leider voller Widersprüche und stellt einem deshalb manchmal ein Bein, und dann kann man nicht einfach weitermachen, sondern muss erst mal wieder aufstehen, sich die aufgeschlagenen Knie besehen und dann – überlegen, wie es weitergeht.

Seit zehn Jahren erzählt *FUTURZWEI* »Geschichten des Gelingens« und hat damit, das dürfen wir wohl sagen, einen konstruktiven Journalismus mit auf den Weg gebracht, der sich weniger dafür interessiert, was alles nicht geht, falsch läuft, falsch gesagt oder falsch geplant wird, sondern dafür, was unter den Bedingungen einer freiheitlichen Ordnung denn so alles geht – zum Beispiel: anders wirtschaften, anders reisen, anders wohnen, anders leben usw., und zwar so, dass dabei zugleich sozial und ökologisch bessere Pfade gebahnt werden.

Unsere Überlegung bei der Erfindung von *FUTURZWEI* war, dass damals vier Jahrzehnte unermüdlichen Mahnens und Warnens vonseiten der Wissenschaft offenbar nichts dazu beitragen, dass Menschen ihre Lebensstile und Unternehmen ihre Wirtschaftsweise verändern – mit dem Ergebnis, dass der Stoffumfang, der für die Herstellung und den Konsum von Produkten, für die Weltreichweite der Tourist*innen und der Warenströme und, natürlich, für die Energie gebraucht wird, immer weiter anwächst. Und damit der Umfang der Zerstörung von Natur, die auch seit 1972, dem Erscheinungsjahr der »Grenzen des Wachstums« (Meadows et al. 1972) eben nicht ungebrochen, sondern beständig wachsend weitergeht.

Das Mahnen und Warnen nützt nicht das Geringste, wenn die Organisation des gesellschaftlichen und wirtschaftlichen Stoffwechsels darauf basiert, dass ständig mehr verbraucht wird. Denn das, was Ökonomie und Politik »Wachstum« nennen und in einen zivilreligiösen Rang gehoben haben, dem man huldigt und beliebige Opfer bringt, ist ja nur der vornehmere Begriff für »mehr Verbrauch«. Und das Mahnen und Warnen stinkt auch nicht gegen all die wunderbaren Geschichten vom Glück des Kaufens an, die 24/7 nicht nur erzählt, sondern auch gehört werden. FUTURZWEI wollte auch Geschichten erzählen, aber ohne den erhobenen Zeigefinger, davon gab und gibt es schon viel zu viele, noch solche von der Verheißung einer Welt, die durch immer mehr Dinge komfortabler, sicherer, »umweltfreundlicher«, schöner würde. In Wahrheit wird sie dadurch ja nur hässlicher. Und ärmer.

Also machten wir uns auf die Suche nach Leuten, Initiativen, Unternehmen, Genossenschaften, die unter den gegebenen Bedingungen einer real existierenden Welt mit realen Ungleichheiten, Ungerechtigkeiten, Hindernissen und Blödsinnigkeiten trotzdem schon mal das Richtige zu tun versuchen, also etwa so zu wirtschaften und zu leben, dass nichts und niemand dabei zu Schaden kommt. Das ist in einer Gesamtorganisation der Wirtschaft, die auf Schädigung der Natur beruht, nicht einfach – und genau deshalb sind alle, über die wir im vergangenen Jahrzehnt Geschichten erzählt haben, dauernd in Widersprüche verstrickt, oft frustriert und manchmal der Verzweiflung nahe. Das wussten wir immer, und wir wollten deshalb auch nie Eia-Popeia-Geschichten von einer nachhaltigen Praxis erzählen, in denen fröhliche Mittelstandsfamilien von grünen Wiesen mit glücklichen Kühen winken, im Hintergrund sich im Sonnenschein drehende Windräder. Denn dass der Weg in eine nachhaltige, zukunftsfähige moderne Gesellschaft kein gemütlicher Spaziergang ist, sondern schwierig, holperig, dornig und voller Hindernisse und Widersacher, das ist ja klar: Schließlich weiß niemand, ganz im Gegensatz zu anderslautenden Behauptungen (wir wissen doch alles!), wie sie aussieht, diese nachhaltige, wachstumsbefriedete und moderne Gesellschaft.

Umso dringender brauchen wir die »Geschichten des Gelingens« als Zukunftsarchiv voller Hinweise und Wissen, wie man auf dem notwendigen Weg weiterkommt. Und umso dringender brauchen wir eine neue Erzählung über uns selbst, über Möglichkeiten des richtigeren Lebens, jenseits des nicht zukunftsfähigen Massenchores, in dem Winfried Kretschmann, Elon Musk, Christian Lindner und alle sonstigen Fetischist*innen eines aggressiven Weiter-So! oder Höher-Weiter-Schneller! ihr immer gleiches Lied von der Alternativlosigkeit ihrer Kack-Welt singen.

Und natürlich war uns klar, dass unsere Geschichten besser sein müssen, als deren Reklame sie erzählt, also von Leuten handeln müssen, die lebendig sind und nicht ideal, schwierig und nicht glatt, optimistisch, aber nicht naiv. Und eben nicht selten auch frustriert – wie denn auch nicht in einer Welt, in der fast alle Regularien und Subventionen auf Nicht-Nachhaltigkeit geeicht sind? Nach einem Jahrzehnt *FUTURZWEI*, das mit dem Ukraine-Krieg in eine Ära vielfältiger Rückschläge, auch in ökologischer Hinsicht, einmündet, schien es uns wichtig, die Menschen, ohne die es die Geschichten nicht gäbe, zu fragen, wie sie mit Frust umgehen, was ihre Strategien sind, trotz Ärger, Wut, Entmutigung weiterzumachen und sich nicht entmutigen zu lassen. Den letzten Impuls, dieses Buchprojekt anzugehen, gab uns Marc Wagner. Er schrieb uns in einem Brief, dass er immer, wenn seine Frustrationsgrenze erreicht sei, zu den Publikationen von *FUTURZWEI* griff. In diesem Buch hat nun unter anderen er selbst berichtet.

»Zu spät für Pessimismus« schien uns dafür ein schönes Motto, weil es eben das Paradoxale ist, das zwischen einer zuweilen harten Realität und dem fragilen Bestreben, sie zu verändern, einen Raum aufmacht, den man braucht, um sich nicht frustrieren zu lassen. Denn wo das Mahnen und Warnen überreichlich vorhanden ist, fehlt das Witzige und Absurde meist völlig, und damit eines der wichtigsten Motive, sich against all odds nicht unterkriegen zu lassen und neu anzusetzen.

Aus diesem Grund haben wir dieses Buch mit humoristischen

Spielchen und andersartigen Ablenkungen versehen. Es gibt neben einem eigens für dieses Buch produzierten Song auch eine Anti-Frust-Playlist, ein Kreuzworträtsel und ein Rezept eines bekennenden Frust-Essers.

Dieses Buch ist eine Hausapotheke für die Behandlung von Frustsymptomen: Geht es Ihnen schlecht, greifen Sie danach. Geht es Ihnen (hoffentlich nach einigen Seiten) wieder besser, stellen Sie das Buch wieder ins Regal. Bis der Frust das nächste Mal akut ist.

Wir sagen Danke, bei allen, die fleißig mitgewirkt haben. Zuallererst allen Beiträger*innen, dass sie ihre Frustbewältigungsstrategien der Mit- und Nachwelt verraten haben. Ein extra großer Dank geht an Klaus Wiegandt, ohne den FUTURZWEI in frustigen Zeiten nicht durchgehalten hätte und der auch dieses Buchprojekt großzügig unterstützt hat. Und an Werner Marschall für das geniale Cover! Dann unserem FUTURZWEI-Team, zuerst allen, die uns während der vergangenen zehn Jahre begleitet haben, dann aber besonders denjenigen, die dieses Buch mitproduziert haben: Miriam Scheibe, Lea Luttenberger, Nicholas Czichi-Welzer, Maxim Keller, Marlene Charlotte Limburg und Jonathan Vogel. Und selbstverständlich danken wir unserem FUTURZWEI-Hausverlag, dem S. Fischer Verlag. Mit Alexander Roesler, Heidi Borhau und Melanie Baumann verbinden wir nur gute, niemals frustige, Momente.

PAULA STEINGÄSSER

Eine kurze Anleitung fürs Aufgeben

Das Aufgeben ist minus 15 Grad kalt, knirscht unter meinen Schuhen und riecht nach Robbenfell.

Ich bin 13 Jahre alt, als ich mit meinen Eltern und drei kleinen Geschwistern nach Ostgrönland reise, Tasiilaq im Winter, 2000 Menschen in einer Wüste aus Eis. Meine Eltern sind Journalisten, eine Ethnologin und ein Fotograf, unsere Familie auf den Spuren des Klimawandels unterwegs und auf der Jagd nach Geschichten von Menschen, die dessen Auswirkungen bereits zu diesem Zeitpunkt tagtäglich spüren – lange suchen müssen wir nicht. Meine Geschwister und ich ziehen durch die Straßen von Tiniteqilaaq, ein Dorf mit hundert Einwohnern am Rand des grönländischen Eisschildes, während meine Eltern in einer kleinen Hütte am Fjord Interviews führen. Wir sind nicht lange allein, bald hängen zwei weitere kleine Mädchen an meinen Armen, reden lachend auf meine Geschwister ein, die selbstverständlich antworten, ohne ein Wort zu verstehen. Es ist eine besondere Freundschaft, die dort entsteht. Angiuq und ich streifen durch leere Häuser, in denen Geschirr auf dem Tisch und Spielzeug auf dem Boden liegt – verlassen, sagt mein Vater, die Familie musste in die Stadt ziehen, um überleben zu können. Im nächsten Haus ist die Wohnzimmerwand voller Blut, etwas höher als mein Kopf, und ich traue mich in kein weiteres mehr. Orpa und Oderika essen fast jeden Tag bei uns zu Mittag, zwei Portionen, aber ohne Gemüse, und abends fährt ein kleiner Bus durch den Ort und sammelt Kinder ein. »Alkoholismus und Missbrauch sind ein riesiges Problem hier«, höre ich die Lehrerin zu meinen Eltern sagen. »Die Jagd wird immer gefährlicher, die Wetterbedingungen immer unvorhersehbarer, und den Menschen fehlt die wirtschaftliche Grundlage ebenso sehr wie ihre kulturelle Identität.« Die Schlittenhunde verhungern an der Kette, und die Kinder spielen zwischen ihnen.

Grönland ist nur eines von vielen Ländern unserer Reise, und auch in Deutschland sammeln wir Geschichten. Ich werde immer stiller und verschlossener. Meine Eltern zeigen uns Kindern und der Welt Strategien für einen nachhaltigen Alltag, für einen Beitrag jedes Einzelnen, für Erfahrungen der Selbstwirksamkeit und des Weitermachens, und ich erzähle in Interviews von meiner veganen Ernährung, unseren Lastenrädern und Upcycling, während in meinem Inneren ein Kind in einer Wüste aus Eis sitzt und kein Mensch mehr sein möchte. »Hoffnung zu haben ist eine bewusste Entscheidung, und wir können es uns nicht leisten, pessimistisch zu sein«, sagt Jostein Gaarder, als ich ein schriftliches Interview für das Buch meiner Eltern mit ihm führen darf. Und dieser Satz lässt mich nicht mehr los.

Ich bin jung und kann nicht verstehen, so viel ich auch darüber nachdenke, in welchem für mich unaushaltbaren Widerspruch Erwachsene scheinbar ohne Anstrengungen leben können; wie man sehenden Auges, ob vor Ort oder durch die zahllosen medialen Nachrichten, diese Farce eines selbstbestimmten, alltäglichen Lebens führen kann; und woher Gaarder, zusammen mit unzähligen anderen Menschen, die Kraft für dieses Kunstwerk hernimmt, trotz allem, was ich gesehen und nicht gesehen habe, Hoffnung und Vertrauen zu empfinden.

Ich bin jung und noch nicht in der Lage, meiner eigenen Wahrnehmung mehr als der meines engeren und weiteren Umfeldes zu vertrauen. Statt Wut zu empfinden oder in die Konfrontation zu gehen, glaube ich den Fehler bei mir, schließe das Aufgeben in mir ein und versuche, nach dem Vorbild aller anderen ein sozial kompatibles Leben zu führen. Das Trotz-jedes-Hindernisses-Weitermachen ist in unserer Kultur weitaus angesehener als das Aufgeben.

Angepasst und immer noch verschlossen, besonders vor mir selbst, mache ich Abitur, glaube alles überwunden, jede Chance scheint mir offenzustehen in dieser unmöglichkeitslosen Welt. Aber das eisblaue Gefühl breitet sich immer mehr in mir aus, aufgespannt zwischen einer riesigen Verachtung meiner selbst und dem dazu paradoxen Anspruch, die Welt zu einem besseren Ort machen zu müssen; andere zum Weitermachen zu motivieren, während ich mein eigenes Aufgeben irgendwie unterdrücken muss. Meine Eltern lassen sich scheiden, und mit dem Auseinanderbrechen meiner Familie scheint sich für mich auch unsere gemeinsam vertretene Botschaft eines »Alles-ist-zu-retten-wenn-du-es-nur-willst« noch mehr in einen realitätsfernen Hohn zu verwandeln. Ich stehe weiter morgens auf, beginne ein Studium, suche insgeheim nach einem Rezept gegen das Aufgeben, funktioniere – bis irgendwann die Spannungen der Widersprüchlichkeit in mir zu groß werden.

Im März 2021 werde ich in eine Klinik eingewiesen, genau acht Jahre nach meiner Grönlandreise. Ich kann mich an die ersten Wochen kaum erinnern, aber es gibt einen Moment, den ich nie vergessen werde, in dem ich es zum ersten Mal schaffe, das auszusprechen, was ich mir jahrelang zu fühlen verboten hatte: Ich kann nicht mehr. Und ich will auch nicht mehr. Ich gebe auf. Es war der Moment, in dem die Arbeit anfangen konnte. In dem ich der bewussten Entscheidung, mein Leben leben zu wollen, einen realen Weg eröffnete. Es hatte nicht gereicht, dass ich meinen Körper auf so ein niedriges Gewicht gehungert hatte, dass ich keine Treppen mehr gehen konnte; dass ich physisch stumm in die Welt hinausschrie, dass ich raus bin aus der Sache, die man Leben nennt, dass ich mich auflösen werde und dass mich kein noch so edles Argument davon abhalten kann, aufzugeben. Es kam erst etwas in mir in Bewegung, als ich einem Menschen im Sessel gegenüber von mir in die Augen blickte und leise, fast verstohlen, als würde ich etwas Verbotenes tun, sagte, dass ich aufgebe, aufgegeben habe, aufgeben werde.

Aufgeben, annehmen, aufnehmen – und eine neue Richtung angeben.

Ich bin in einer Gesellschaft aufgewachsen, die unendlich große Angst vor dem Aufgeben hat. Individuelles Aufgeben verträgt sich nicht gut mit wirtschaftlichem Endlos-Wachstum oder mit gesellschaftlichem Optimierungsdruck; und es scheint sich auch nicht mit kollektiven globalen Krisen zu vertragen, von deren Abwenden unsere Lebensgrundlage abhängt. Wer aufgibt, ist schwach. Wer aufgibt, ist nicht willensstark genug. Wer aufgibt, ist egoistisch. Aufgeben wird als Verrat an gemeinschaftlichen Utopien, an das Gute im Menschen und an unseren privilegierten Lebensumständen angesehen und stigmatisiert, so kommt es mir vor; es wird zu einem individuellen Versagen, für das es keinen gemeinschaftlichen Umgang gibt. Wenn das öffentliche Miteinander jedoch von Nachrichten der bevorstehenden Krise gefüllt und die rettende Lösung nur gemeinschaftlich umgesetzt werden kann, das emotionale Verarbeiten dieser Lebensrealität aber nur individuell stattfinden darf, wird das immer mehr zu einer Spaltung zwischen der gemeinsamen und der individuellen Realität führen; mehr noch: Dadurch, dass man gesellschaftlich abgewertete und quasi verbotene Emotionen empfindet, wertet man sich immer mehr selbst ab, verliert das Vertrauen in sich und seine Fähigkeiten und zieht sich immer weiter in die eigene Welt zurück. Man findet in keine Haltung, in der man Protest oder Veränderung bewirken kann, denn in der eigenen Wahrnehmung widerfährt einem kein Unrecht, sondern man versagt selbst.

Wir müssen wieder lernen, aufgeben.

Es liegt ein unglaublich wertvolles, öffnendes und zusammenführendes Moment in diesem Akt, vor dem wir jedoch, wie ich glaube, immer größere Angst bekommen, je mehr wir uns dagegen wehren. Das heißt nicht, dass ich dafür plädiere, kollektiv den Kopf in den Sand zu stecken, weil eine Aufgabe zu groß oder eine Krise zu unlösbar erscheint. Ich spreche von einer emotionalen Reaktion auf wirklich überfordernde und beängstigende Situationen – nicht mehr und nicht weniger. Darin liegen zwei große Vorteile: Erstens ist eine Emotion, zum Beispiel Angst oder Panik, auch nur eine Emotion, und ganz gleich wie heftig oder bodenlos sie sich anfühlt, sie geht immer vorbei. Und zweitens ist es sehr viel gefährlicher, auf Bedrohungen oder komplexe Krisen statt mit Angst und Überforderung mit Verdrängung oder Kleinrederei zu reagieren, denn auch dann kann man, genau wie bei zu großer Angst, nicht mehr adäquat reagieren. Die goldene Mitte zu finden, erfordert sehr viel Arbeit; denn Emotionen zu empfinden, zu benennen und anzunehmen, ihre Ursachen und Ziele zu analysieren und zu relativieren und sich, darauf basierend, für Handlungen zu entscheiden, die der gegenwärtigen Situation tatsächlich angemessen sind – also weder langfristig zu resignieren noch zu überreagieren –, ist, wie ich nach einem Jahr intensiver Therapie sagen kann, enorm anstrengend und zeitaufwendig. Es hilft, gut vorbereitet zu sein.

Deshalb hier eine kurze Anleitung fürs Aufgeben:
1. Das Gefühl zulassen – es ist wie eine Welle. Es hat viel Kraft, aber es beruhigt sich auch immer wieder.
2. Die richtigen Bedingungen zum Fühlen schaffen: Sei es ein Spaziergang allein im Wald, ein Tagebuch zum Frust-Rausschreiben oder ein verzweifelt-wildes Tanzen in der Küche – mir persönlich hilft »Harry Potter« lesen oder Rennrad fahren zu Rockmusik am meisten.
2.1 Sich selbst am besten kennen und dementsprechend Punkt 2 vorbereiten.
3. Das Gefühl analysieren – Was hat es ausgelöst? Welche Erinnerungen weckt es in mir? Ist die Stärke der Emotion dem Auslöser angemessen? Wovor will es mich warnen oder schützen?
Und, am wichtigsten:
4. Sich mitteilen, ausdrücken und öffnen.

Das ist eine Einladung. Wir sind soziale Wesen und ziehen als solche Vertrauen, Selbstbewusstsein und Zuversicht aus dem Interagieren und Kommunizieren miteinander. Lasst uns übers Aufgeben reden, schreiben, singen, malen – und daraus Veränderung und neue Wege entstehen lassen.

Von der Kunst, frustriert zu sein

Der Angst sollen wir uns stellen, die Trauer trösten, die Wut abreagieren. Und den Frust? Den sollen wir tolerieren, dulden, ignorieren. Geht das nicht besser?

Die Nespressokapsel-Revolution

Gedimmtes Licht, glänzende Visitenkarten, sprudelnder Aperitif. Und deswegen, liebe Anwesende, ist es in besonderem Maße an der Zeit, dass auch wir unseren Beitrag dazu leisten, die Gesellschaft in ihrer sozial-ökologischen Transformation zu begleiten.

Betretene Blicke, Applaus, Rotwein. Wir finden es beeindruckend, wie Sie und die anderen jungen Menschen sich einsetzen. Wirklich. Wir finden das Klima auch wichtig. Wir haben in unserer Kanzlei gerade erst unsere Nespressokapseln durch Filterkaffee ersetzt. Und einige Kollegen nehmen jetzt den Zug statt des Fliegers – obwohl der zwei Stunden länger braucht! Womit wir unser Geld verdienen? Äh, ja, wir sind ja Dienstleister, wir bearbeiten nur, was nachgefragt wird, und was nachgefragt wird, suchen wir uns nicht aus. Können Sie sich vorstellen, später mal bei uns zu arbeiten? Ich beiße mir auf die Lippe und werde später meine Aktentasche in die Ecke meines WG-Zimmers werfen. Sie haben Klimakrise nicht verstanden, immer noch nicht.

Das muss doch reichen

Lautsprecher, bunte Plakate, Sneaker neben Anzug, gleißender Sonnenschein im September. Für viele um mich herum ist es die erste Demo. Gemeinschaft erzeugt für einen Moment so etwas wie

Hoffnung. Millionen Menschen auf der Straße. Weil ihr uns die Zukunft klaut. So viele, so laut, das muss doch reichen. Dann eine Push-Nachricht auf meinem Smartphone: »Klimakabinett stellt geplantes Klimaschutzgesetz vor«. Erste Einordnungen: Hätte man auch gleich bleiben lassen können. Die Stimmung kippt. Menschen um mich herum fangen an zu weinen, fragen mich, was man gegen eine Regierung tun kann, die die Massen, kommende Generationen und ihre eigenen Verträge einfach ignoriert.

Frust, mein treuer Begleiter

Auf der Klima-Demo macht es sich überall um mich herum breit. Beim Klima-Dinner vor allem in mir selbst. Dieses lähmende Gefühl, bei dem ich mich klein fühle, unverstanden, allein, machtlos. Als hätte ich alles falsch gemacht oder zumindest zu wenig richtig. Die Botschaft scheint nicht angekommen zu sein, und ich bin für einen Moment gefangen, irgendwo zwischen »Vielleicht bringt das alles nichts?« und »Irgendwer muss es ja versuchen!«.

Ich bin Baro. Juristin und Klimagerechtigkeitsaktivistin. Und Frust ist mein treuer Begleiter.

Ich bin frustriert. Davon, dass sich viel zu wenig, viel zu langsam ändert. Von leeren Versprechungen und davon, dass viel zu viele meinen, um die Klimakrise müssten sich erst mal die anderen kümmern. Ich bin so frustriert, dass ich eine Telefonliste mit Menschen habe, die ich nacheinander anrufe, wenn ich es wieder einmal nicht aushalte.

Bitte nicht so ungeduldig

Die Menschheit ist – mit Glück – noch zwei Legislaturperioden und die nächste Generation kapselfreier Kaffeemaschinen davon entfernt, eine unkontrollierte Kaskade an Klima-Kipppunkten auszulösen. Daraus könnte schon kurz darauf nicht weniger als der Zusammenbruch des Weltklimasystems, wie wir es kennen, resultieren.

Hervorgerufen durch eine Lebensweise, die kommende Generationen ihrer Freiheiten berauben wird. Und einem Wirtschaften des globalen Nordens auf Kosten der MAPA – der *most affected people and areas*. Letztere haben kaum zu der Misere beigetragen, gleichwohl bekommen sie deren Konsequenzen schon jetzt und ungleich drastischer zu spüren als die Verursacher*innen. Wir befinden uns inmitten der größten globalen Ungerechtigkeit der jüngeren Geschichte.

Man dürfte meinen, Klimafrust sei allgegenwärtig und die ökologische Transformation breite sich durch alle Bereiche und Berufe hinweg rasant aus. Stattdessen beißt sich eine Jugendbewegung die Zähne daran aus, wirtschaftlichen und politischen Verantwortungsträger*innen zuzurufen, dass ihr business-as-usual nicht die Lösung ist. Und muss sich dafür anhören, dass sie doch bitte nicht so ungeduldig sein solle.

Zwischen Geschäften und Gutenachtgeschichte

Die einen stehen also weinend vor den Parlamenten, während andere sich bei einem Glas Rotwein ernsthaft mit der Kaffeekapsel-Revolution ihres Unternehmens rühmen. Woher nehmen Letztere ihre Gelassenheit?

So verbesserungsbedürftig die Klima-Berichterstattung ist – an Unwissenheit wird es kaum mehr liegen dürfen. Sind sie alle so alt, so wohlhabend, so abgesichert, dass sie sich damit zufriedengeben; die Folgen des Klimawandels werden sie schon nicht treffen? Sind ihnen Menschen egal, solange ihre Zahlen stimmen? Einigen vielleicht. Aber die meisten bewegt der Klimawandel zumindest an irgendeinem Punkt sehr wohl: der Zustand des Waldes, die aussterbenden Tierarten, die eigenen Kinder. Ganz kalt lässt die drohende Katastrophe nur wenige.

Wie – um Himmels willen – ist es möglich, tagsüber fossilen Energieunternehmen zu ein paar weiteren Jahren klimafeindlicher Geschäfte zu verhelfen und sich bei der Gutenachtgeschichte um die Zukunft der Welt zu sorgen, in der die eigenen Kinder einmal groß werden sollen?

Keine Zeit für Frust

Weil es schwer ist, in Verantwortungspositionen zu gelangen, wenn man zu viel Zeit mit Frust verbringt.

Karriere macht stattdessen, wer sich auf das Wesentliche konzentriert. Und dafür ab und an seine Komfortzone verlässt. Nur ist das Wesentliche eher die Jahresbilanz als der Erhalt unserer Lebensgrundlagen. Die Komfortzone darf daher gerne kurz verlassen werden, um eine andere Kaffeemaschine zu kaufen. Ein längerer Ausflug, bei dem die eigenen Geschäftsmodelle in Frage gestellt werden, ist nicht so gern gesehen.

Frust lenkt also nur vom Wesentlichen ab, führt zu nichts und gilt als unprofessionell. Frustriert von der neuen Akte auf ihrem Schreibtisch? Stellen Sie sich nicht so an! Frustriert von miserablen Ausbildungsbedingungen? Lehrjahre sind keine Herrenjahre! Frustriert von der Klimakrise? Konzentrier dich lieber auf die Schule!

Sie nennen es Frustrationstoleranz. Frustrationsignoranz würde es besser treffen.

Kein Wunder also, dass gerade diejenigen, die am meisten verändern könnten, die Fähigkeit perfektioniert haben, Frustrierendes aus ihrem Bewusstsein zu verbannen. Und so verbringen sie ihre Tage damit, Erkenntnisse rund um die Klimakrise zu ignorieren und sich weiterhin beharrlich gerade denjenigen Geschäften zu widmen, die diese erst hervorgebracht haben. Frustrationsignoranz ist ein Luxus, den wir uns nicht mehr leisten können.

Eine Frage der Gerechtigkeit

Die Klimakrise ist schon so weit eskaliert, dass kein Weg mehr an Frust vorbeiführen wird. Die Frage ist nur, wer ihn trägt. Und wer wie viel Frust trägt, ist eine Frage der Gerechtigkeit. Ähnlich wie das Bundesverfassungsgericht festgestellt hat, dass wir unser verbleibendes CO_2-Budget gerecht verteilen müssen, sollte sich eine Gesellschaft auch darum kümmern, Frust gerecht aufzuteilen. Global und so schnell wie möglich.

Jeder Tag, an dem sich nun gerade unsere wirtschaftlichen und politischen Verantwortungsträger*innen nicht dafür entscheiden, die großen Transformationen unserer Zeit anzupacken, lässt den Frust-Berg, dem sich andere stellen werden müssen, wachsen. So professionell business-as-usual wirken mag: In der Klimakrise ist wenig noch unprofessioneller, als den eigenen Frust über den Zustand der Welt einfach zu ignorieren.

Richtig frustriert sein

Ich will, dass alle frustriert sind. Weil die Welt so ist, wie sie ist. Und dass alle frustriert bleiben, bis sie ist, wie sie sein soll. Lässt man den Frust zu sich sprechen, ist er auf dem Weg in diese andere Welt ein wertvoller Begleiter.

Mit aller Vehemenz erinnert er uns dann daran, womit wir unzufrieden sind. Und schweigt erst, wenn der Ist-Zustand der Welt nicht mehr vom Soll-Zustand abweicht. Denn Frust sucht nach Veränderung.

Wenn wir das verstehen, können wir ihn als konstruktiven Zwischenschritt begreifen, der uns hilft, Missstände in Wunschvorstellungen zu transformieren. Wir hören auf, gegen den Frust zu arbeiten. Und richten unseren Fokus auf den Auslöser, der ihn hervorgerufen hat.

Ein kollektives Trotz-dem-Frust

Dem Frust auf diese Weise zu begegnen, ist anstrengend. Es wird leichter, wenn man nicht allein mit ihm ist. Und so ist jedes Demoplakat auch ein Stück öffentlich zur Schau gestellter Frust, auf der Suche nach Gleichgesinnten. Von anderen wahrgenommen, wird aus vielen frustrierten Menschen auf einmal eine Bewegung. Jeder ihrer Proteste ein kollektives Trotz-dem-Frust.

Für jeden frustrierten Menschen mehr müssen andere etwas weniger Frust tragen. In der Gruppe entsteht Zeit für Pausen und Raum für Ideen. Aus geteiltem Frust und gemeinsamen Visionen lässt sich das Fundament einer neuen Gesellschaft errichten.

Die Zukunft wird aus Frust gemacht

Übrigens: Das Klimaschutzgesetz besagter Regierung wurde später vom Bundesverfassungsgericht in einer spektakulären Entscheidung für verfassungswidrig erklärt. Mit den Kanzleivertreter*innen treffe ich mich weiter. Junge Menschen sind zunehmend nicht mehr bereit, für sie zu arbeiten, ihnen geht der Nachwuchs aus. Sie fragen mich nach best practice im Bereich Nachhaltigkeit. Es ist 2022, wir fangen an, über ihre Mandate zu sprechen und trinken Kaffee. Nicht aus Nespressokapseln, versteht sich, es ist immerhin Klimakrise.

Kritik am Verhalten anderer

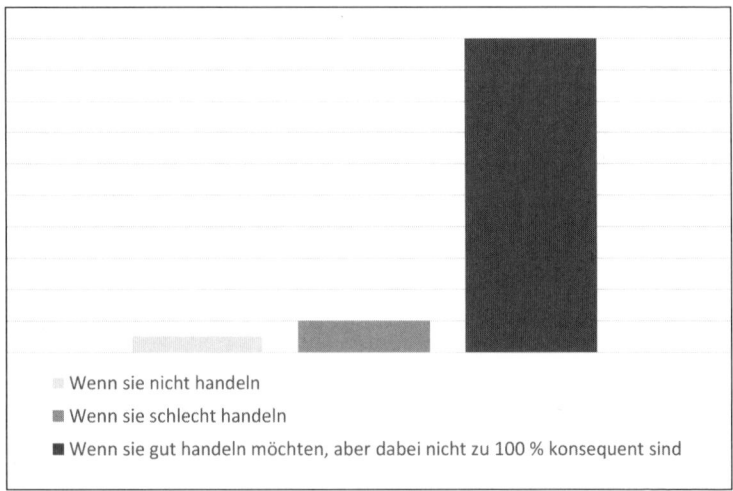

■ Wenn sie nicht handeln

■ Wenn sie schlecht handeln

■ Wenn sie gut handeln möchten, aber dabei nicht zu 100 % konsequent sind

WOLFGANG KALECK

Zwischen Dystopie und konkreter Utopie

Natürlich gäbe es aus meiner beruflichen Praxis so einige Frustmomente zu berichten – vorsichtig ausgedrückt. Als Direktor einer juristischen Menschenrechtsorganisation könnte ich täglich wegen all der Scheußlichkeiten auf der Welt verzweifeln. Wohl habe ich mir über die Jahre Schutzmechanismen zurechtgelegt: Ich lese nicht alle Nachrichten über Massaker und Kriege in der Welt, nicht jeden Menschenrechtsbericht, nehme vielmehr nur die Dosis zu mir, die ich intellektuell und emotional annähernd verarbeiten kann.

Dass wir als Jurist*innen den Hebel bei manchen dieser Probleme ansetzen können, stellt für mich ein wirksames Mittel gegen die stets präsente Gefahr der Ohnmacht dar. Jedenfalls können wir uns selbst suggerieren, wir könnten den Lauf der Dinge beeinflussen und stünden damit der Flut der schrecklichen Bilder und Nachrichten nicht passiv gegenüber.

Das schützt weder mich noch meine Kolleg*innen vor enttäuschenden Entscheidungen der Gerichte und Staatsanwaltschaften, die wir anrufen. Die Liste ist lang. Zwar ermittelt die *Bundesanwaltschaft* aus Karlsruhe derzeit energisch in Fällen von Staatsfolter in Syrien, in denen wir Dutzende von Überlebenden vertreten. Doch lehnten es dieselben Bundesanwälte ab, wegen der Verfolgung von schwulen Männern in Tschetschenien als Verbrechen gegen die Menschlichkeit zu ermitteln, und gegen deutsche Unternehmen werden ohnehin so gut wie keine Untersuchungen eingeleitet. Ein besonders frustrierender Moment war die Entscheidung des *Europäischen Gerichtshofs für Menschenrechte* im Februar 2020: Wir hatten im Namen zweier subsaharischer Geflüchteter gegen Spanien

Beschwerde eingelegt. Die beiden Beschwerdeführer hatten es über die Sperranlagen an der marokkanisch-spanischen Grenze bei Melilla geschafft; die spanische Grenzpolizei sprach ihnen jedoch jegliches Recht auf Prüfung ihrer Asyl- und sonstigen Ansprüche ab und schob sie stattdessen kalt ab, sogenannte Push-backs. Ein eindeutiger Rechtsverstoß. Umso mehr ärgerte mich, dass das Gericht vor dem politischen Druck der Staaten eingeknickt ist, die Beschwerde ablehnte und die inhumane europäische Migrationspolitik damit rechtlich stützte.

Immerhin, und auch das gehört zur Verarbeitung eines solchen Momentes, waren wir Anwält*innen gemeinsam in Madrid, kritisierten die Entscheidung unmittelbar nach der Verkündung durch das Straßburger Gericht in einer Pressekonferenz und setzten so wenigstens in der spanischen und europäischen Öffentlichkeit einen Impuls für die negative Rezeption der Entscheidung – in der Hoffnung, dass zukünftige Push-back-Situationen, wie sie an allen europäischen Grenzen derzeit exerziert werden, anders entschieden werden.

Kurz nach diesem Urteil trat ich im März 2020 eine Wunschreise an. Sehr hatte ich mich darauf gefreut, als Scholar-in-Residence an einer New Yorker Universität sechs Monate in einer der Städte meiner Träume zu verbringen. Mein Aufenthalt fing verheißungsvoll an, ich wurde an der Uni und außerhalb auf eine wunderbar herzliche Art empfangen, hatte mein Apartment – ganz oldschool – in der Lower Eastside bezogen und mein erstes Seminar an der *International School of Photography* gegeben. Viel hatte ich mir vorgenommen – vielleicht sogar zu viel, derartige Ambitionen werden in New York aber seltener in Frage gestellt als in Deutschland. Für mich war es daher immer ermutigend und inspirierend, in dieser Stadt zu weilen, und so versprach es auch dieses Mal zu werden – bei meinem bisher längsten Aufenthalt, so jedenfalls der Plan.

Doch die Dinge liefen bekanntlich im März 2020 anders. Schon im Februar in Deutschland war von diesem Virus die Rede. Hoffnungsfroh hatte ich daher Berlin verlassen in der gegenüber

Freund*innen ausgesprochenen Erwartung, »endlich mal ein paar Wochen an einem anderen Ort zu verweilen« und damit dieser – mir damals noch als sehr deutsch anmutenden – Hysterie zu entfliehen. Aber als die Zahlen in New York hochschnellten und ich mit einem Freund noch beriet, ob das Corona-Virus die Stadt etwa so lange wie kurz zuvor Hongkong, nämlich vier bis sechs Wochen lahmlegen würde, überlegte ich mir, an welchen meiner Fluchtorte ich mich als Nächstes begeben wollte. Der Mittelmeerraum, insbesondere Spanien, Portugal und Italien, schieden schon aus, weil diese vom Virus noch härter betroffen waren. Als dann die Fährverbindung zwischen Buenos Aires und Montevideo eingestellt wurde, war mir klar, dass dieses Virus die ganze Welt trifft.

Und ich begann, mich zu ärgern – über alles; ganz egoistisch über meinen eigenen geplatzten Traum. Aber dann natürlich auch darüber, was da vor unser aller Augen ablief: Ein gutes Jahrzehnt zuvor hatte ich Mike Davis' Buch über die Vogelgrippe gelesen, seine dringende Aufforderung, zur Prävention angesichts der in Zukunft zu erwartenden Pandemien die Gesundheitssysteme aller Länder zu stärken und vor allem, eine zentrale Impfagentur aufzubauen (Davis 2005). Stattdessen wurde Gesundheit zur Ware und öffentliche Gesundheitssysteme weltweit kaputtgespart, im europäischen Rahmen war die Bundesregierung eine treibende Kraft dieser Austeritätspolitik. Umso mehr nervte mich die, die wahren sozialen Verhältnisse verschleiernde ›Wir-sitzen-alle-in-einem-Boot‹-Rhetorik, wobei das Boot, also der Bezugsrahmen jeweils nur die eigene Nation sein sollte. Das Virus mag unsichtbar sein und nicht diskriminieren, das politische und ökonomische System dieser Welt tut dies hingegen sehr gewaltig.

Besonders frustrierten mich die Aufforderungen zum Social Distancing. Das, was eine Gesellschaft – eine solidarische, kommunikative und demokratische Gesellschaft – ausmacht, von einem auf den anderen Tag aufzugeben, ohne die notwendige Abwägung zu treffen, welches Risiko wir eingehen, zu welchem Preis. Solidarisch sollte mit einem Male sein, nur an sich und an die Nächsten zu denken. Die Art und Weise, wie der liberale, grüne, linke Mittelstand dieses Diktum der Regierenden annahm und damit auch den Anspruch einer globalen Solidarität preisgab, schockierte mich.

Als dann New York im März nach und nach zu der dystopischen Geisterstadt wurde, die wir aus manchem Film kennen, musste ich Ende März bereits die Rückreise nach Berlin antreten – mit diesen schweren Gedanken im Kopf. Es retteten mich drei Dinge:

Die Musik, die wundervolle Mischung von *Soho Radio*[1] aus London schon auf dem deprimierenden Flug aus den USA nach London-Heathrow, wo mich ein mit Menschenmassen bevölkerter Geisterflughafen erwartete. So entdeckte ich das Radio und meine alte Liebe zur Musik wieder. Und entgegen des Diktums, wonach die durch die Musik ausgelösten Gefühle mit Erreichen eines bestimmten Lebensalters absterben, stand und steht Musik für mich für Aufbruch und Sehnsucht.

Berlin, ein Soziotop, in dem ich eine gewisse Kreativität und zugleich Eigenverantwortlichkeit spürte, die anderswo keineswegs selbstverständlich waren. Meine Kolleg*innen und Freund*innen, die ich trotz der Aufforderung zur sozialen Distanz auf der Straße, in Parks und an Kanälen traf. Mit einem Male lernte ich dieses Gefühl des mitunter kleinstädtischen Milieus in Berlin zu schätzen, das einen beschleicht, wenn man aus Städten wie Bombay, Buenos Aires oder Mexiko-Stadt zurückkommt und einem das viele Grün, die wenigen Leute und Autos auf den Straßen auffallen, weil es keine Ballungszentren gibt, sondern vieles in der Stadt dezentral stattfindet.

Sicherlich dauerte es noch eine Weile, bis ich meinen Frust darüber abgeschüttelt hatte, nicht in New York zu sein. Dann aber schrieb ich mein Buch über die konkrete Utopie der Menschenrechte (Kaleck 2021) in Berlin und Brandenburg. Natürlich las ich viel über das aktuelle Desaster und die Synchronität von Problemen und multiplen Krisen der Welt. Aber ich freute mich auch, im April 2020 vor Ort bei einer kleinen Solidaritätsdemonstration für die in den griechischen Lagern hausenden Geflüchteten vor dem Brandenburger Tor zu sprechen. Die überwältigenden Black-Lives-Matter-Demonstrationen auf der ganzen Welt, und selbst hier in Deutschland, überwältigten mich in den Wochen danach. Und je mehr ich mich umschaute, desto mehr stellte ich fest, dass an vielen Orten der Welt gegen Ungleichheit, Armut, Männergewalt, Überwachung und die Klimakrise gekämpft wurde und wird – oft zu sehr im partikularen Nebeneinander, aber immerhin. Und darüber schrieb ich dann, aber das ist jetzt eine andere Geschichte, nämlich die, wie ich versuchte, aus den dystopischen Anzeichen über den aktuellen Zustand der Welt positive Visionen zu entwickeln. Am Ende musste ich einer Freundin recht geben, die nach Fertigstellung der ersten Fassung des Manuskripts sagte: »Niemals hättest du in New York so konzentriert an diesem Buch arbeiten können.«

1   www.sohoradiolondon.com (5.5.2022).

KATJA RIEMANN

Talkshow

Zu einer Talkshow des deutschen öffentlich-rechtlichen Fernsehens werde ich eingeladen, um über meinen Dokumentarfilm »… and here we are!« zu sprechen, in dem es um eine Filmschule im Geflüchtetenlager Moria auf der griechischen Insel Lesvos geht. Ich freue mich darüber, dass die Redaktion die Einladung ausgesprochen und nicht mein Produzent oder die Presseabteilung sich dort beworben hatte. Während des Vorgesprächs werde ich gefragt, ob der Sender aus meinem Film einen kurzen Trailer zusammenschneiden dürfe. Sofort gerate ich in meinen Schutzmechanismus und bitte darum, dass man doch freundlicherweise einfach aus meinem Filmtrailer ein Stück herausexerpieren möge. Der Zusammenhang bliebe so erhalten. Meine Angst liegt darin, dass mit Weißblenden operiert oder unabsichtlich die Haltung meines Films verfälscht wird. Aus gutem Grund ist dieser Schutzmechanismus vorhanden, entwickelte er sich doch aus zahlreichen Erfahrungen, was alles danebengehen kann. Vieles ist schon schiefgelaufen. Manches Mal Dinge, bei denen ich mir zuvor nicht hatte vorstellen können, dass sie überhaupt schiefgehen *können*.

Sechs Gäste sind zu der Talkshow eingeladen. Alle haben etwas »zu verkaufen«: ein Buch, einen Spielfilm, eine Show, einen *Tiktok*-Kanal. So geht das in den Medien: Es ist ein Markt, der vom Kapitalismus befeuert wird. Auch ich habe vor, etwas zu verkaufen: Ich werbe dafür, dass mein Film, der in der *Arte* Mediathek seit einem Monat zur Verfügung steht, oft angeklickt wird. Dass dabei keine Dollars rumkommen, sei mal dahingestellt. Er wird aber angesehen, was für mich natürlich sehr schön ist, weil alle Künstler*innen wollen, dass man ihre Arbeit sieht. Darüber hinaus könnte sich vielleicht die Chance vergrößern, dass mein nächster Dokumentarfilm finanziert wird, wenn der erste erfolgreich war.

Ich bin die Erste, die interviewt wird. Ich bin die mit dem ernsten Thema, das macht man gleich zu Beginn, damit danach endlich der Spaß beginnen kann. Ich werde vorgestellt, mit Superlativen, die kein Gefühl zu meiner Schauspielerei herstellen: »Sie kann alles, Komödie und Drama und Krimi …« Ich höre mich, wie ich die Anmoderation unterbreche und sage: »Verzeihung, aber ich habe noch nie einen Krimi gedreht.« Die laute leutselige Antwort ist: »Man hat immer Angst, dass Katja Riemann widerspricht.«

Ich lächle mich daraufhin durch die Show und versuche intelligente Sätze zu sagen. Einer gelingt mir, er heißt: »Wissen wir denn, was *wir* für Geflüchtete wären?« Danach bleibt es für eine Sekunde still, der Satz ist angekommen, dergestalt, dass sich unter den Anwesenden noch niemand jemals diese Frage gestellt hat. Wir sind die Guten, die aufnehmen. Wir sind nicht die mit der Not. Es wird nicht erwogen, dass das geschehen könnte.

Immer wieder ertappe ich Gesprächspartner*innen, auch bei anderen Interviews für meine Doku, bei ihrer Begeisterung, wie eloquent doch »die Leute« in meinem Film wären. Ich frage dann: »Die Studierenden?« »Ja, die Flüchtlinge« und »wie wunderbar« sie seien. »Sie meinen die Studierenden?« Und das Gegenüber ertappt sich nicht einmal dabei, voller Vorbehalte zu sein. Man sei ja aufgeklärt. Das Narrativ ist verankert, man denkt nicht mehr über seine Herablassung nach, man ist begeistert von sich selbst und erleichtert, dass man gut findet, was da gezeigt wird: »diese wunderbaren Leute«.

Nur eine Frau, die ebenfalls in der Talkshowrunde sitzt und deren Eltern als sogenannte »Gastarbeiter« nach Deutschland kamen (Anfang der 1970er Jahre nannte man das so), sagt: »Ich verstehe, was du sagst, auch uns wurde die Nationalität und Persönlichkeit und letztlich auch die Möglichkeit auf Intelligenz oder freies, selbständiges Denken abgesprochen, weil ich ja das Gastarbeiterkind der Gastarbeiter bin, die eingeladen worden waren, um zu arbeiten, um nach getaner Arbeit das Gastrecht zu beenden und wieder abzureisen.« Wie wenig wir uns unsere eigene Vulnerabilität verdeutlichen, das ist schon erstaunlich. Als ich im Zug zurück nach Berlin sitze, überfällt mich eine Schwere, die kaum auszuhalten ist, weil ich das Gefühl habe, versagt zu haben. Weil ich »widersprach«. Weil ich differenziert als Schauspielerin und Künstlerin vorgestellt werden möchte, statt in Superlativen, die mich zum Widerspruch herausfordern. Aber offensichtlich sieht man mich nicht so, wie ich mich selbst gern sähe.

Das Verkaufsgespräch muss nach den Mustern des Verkäufers laufen – und das bin hier irgendwie nicht ich. Darum lächle ich, damit keiner Angst vor Widerspruch oder Ernsthaftigkeit hat. Und verrate mich selbst.

Und erkenne: Letztlich will niemand etwas wissen. Zumindest nicht da draußen, im Lärm der Medien, mit Außenwerbung und Plakatierung, in der kapitalistischen Gesellschaft, die sich selbst feiert und nicht begreift, dass Demokratie nicht garantiert ist.

Menschen, deren Erfolg in Zahlen liegt, in Sinnentleerung. Bei jedem Gespräch beginnt man wieder von vorn, bei Grundsätzlichem, weil das Nachdenken über Themen nicht interessiert, sondern die schnelle Antwort, die den Erfolg untermauert, interessant ist. Die Erfolgsgeschichte. Doch wie misst man Erfolg? Was, wenn Menschen auf der Bildfläche erscheinen, die keinen sichtbaren Erfolg mitbringen, die aber etwas zu sagen haben, weil sie vielleicht über etwas nachgedacht haben, aufgrund von Erfahrungswerten? Ich bin frustriert und möchte in meiner Bubble verbleiben, denke, das »Produkt« müsse doch für sich selbst sprechen, warum müsse man es erklären, wo es doch so deutlich aus sich selbst heraus erzählt.

Die Berührungsangst mit vulnerablen Themen ist groß, denn da ist man plötzlich betroffen. Nicht, weil man über die Umstände betroffen wäre, sondern weil man sich nie mit diesen beschäftigt hat. Betroffen also über sich selbst.

Der weißrussische Regimekritiker Raman Pratassewitsch hat am 4. Juni 2021 vor laufenden Kameras eingestanden, dass er öffentlich gegen den Präsidenten Lukaschenko demonstriert hat und lobt Lukaschenkos Politik und seine »entschuldigen Sie den Ausdruck, stahlharten Eier«. Die Aussage, so wird vermutet, ist durch Folter erzwungen worden. Ein 90-minütiges Gespräch mit einem regimetreuen Journalisten, Namen vergessen, in einem dunklen weitläufigen Raum. Das zerschlagene Gesicht Ramans ist dennoch deutlich erkennbar.

Ein Blogger im Exil, der von Athen nach Litauen flog und von der Diktatur vom Himmel geholt wurde. Die EU ist entsetzt. Doch was kann sie tun, außer Sanktionen verhängen, die letztlich nur jene Menschen schädigen, die sowieso schon kaum zurechtkommen?

Zeitgleich zeigt das *Gorkitheater* in Berlin, im sogenannten »Herbstsalon«, Exponate von in der Türkei inhaftierten Künstlern. Aus dem Gefängnis »Nummer 5« zum Beispiel, in dem die 27-jährige Zehra Doğan wegen eines Bildes, das sie gemalt hatte, 36 Monate inhaftiert wurde. Sie hatte ein Foto, das auf vielen türkischen Titelseiten zu finden war und das den Angriff auf die kurdische Stadt Nusaybin, in die türkische Panzer gerollt waren, als Bildvorlage benutzt, um diese Panzer als Skorpione darzustellen. Dafür ging sie drei Jahre in ein Foltergefängnis. Dort malte sie weiter – mit dem, was ihr zur Verfügung stand. Was stand zur Verfügung? Ihr Haar, ihr Laken, ihr Blut. Sie schnitt sich Haar ab, umwickelte es mit Band, machte daraus einen Pinsel, tunkte ihn in ihr Menstruationsblut und zeichnete auf dem Laken, das dann von der Mutter als schmutzige Wäsche aus dem Gefängnis geschmuggelt wurde. Zehra ist jetzt in Deutschland, und als ich sie im *Gorkitheater* kennenlernte, eine vitale Person von 1.55 Meter (geschätzt) Körperhöhe, mit wahnsinnig viel Haar, wollte ich sie vor lauter Erleichterung, dass sie nun sicher in Berlin ist, umarmen – wenn dem nicht die Pandemie im Weg gestanden hätte.

Aber eigentlich hätte ich die deutsche Regierung, den Berliner Senat und all die Menschen, die dies möglich gemacht haben, umarmen sollen. Zehra ist eine Geflüchtete, wenn man will. Ein »wunderbarer Mensch«, siehe oben. Wer darf sagen, wer wunderbar ist und wer nicht? Wer bestimmt das? Es ist Geschmackssache und hängt unmittelbar damit zusammen, wie der Betrachter auf die Welt schaut.

Was mit Raman passiert, weiß niemand. Ich kann sagen, ich hoffe, dass er es nach Deutschland schafft. Oder nach Frankreich. Oder in die Schweiz. »Ich will nichts mehr mit Politik zu tun haben«, sagt er, »ich will eine Familie und Kinder.« Er weint und hält sich die Hände vor sein ramponiertes Gesicht. Auch er ist 27. »The 27 Club«. Meine Tochter ist 27. Belarus und die Türkei sind geographisch nicht weit von der Gesellschaft, in der wir hier leben.

Wie stabil ist sie? Und es geht nicht darum, alle in Deutschland aufzunehmen. Dieses diffuse ALLE. Ich kann deutlich sagen, dass ich nicht dafür bin, dass sich Menschen auf den Weg machen müssen. Denn ich weiß, was es bedeutet, anzukommen. Ich konnte es begleiten, als ein ehemaliger Geflüchteter bei mir einzog. Oder als ein junger 17-jähriger Kumpel aus Afghanistan, den ich während meiner Dreharbeiten in Moria kennenlernte, mit seiner Familie in Deutschland eintraf. Die Administration, die Angst vor Abschiebung, die Sprache, die Ausbildung, die Perspektive, die verlorene Generation der Eltern, die Einsamkeit und Heimatlosigkeit …

Dass wir in einem Land leben, in dem das Demonstrationsrecht selbst für Neonazis und Querdenker geschützt ist, ist eine demokratische Errungenschaft, auch wenn es kaum auszuhalten ist, dass diese Bilder um die Welt gehen. Dass wir in einem Land leben, in dem wir öffentlich Politiker kritisieren, angreifen, ja sogar beleidigen können, ohne dafür in das »Prison Number 5« verlegt zu werden oder direkt den Kopf abgeschnitten zu bekommen, sollte man sich immer mal wieder bewusst machen. Man kritisiert den Umgang der EU und Deutschlands mit der sogenannten ›Flüchtlingskrise‹, was meines Erachtens ein verachtenswertes Wort ist. Und auch Geflüchtete kritisieren, beispielsweise in Griechenland, den Umgang mit ihnen. Das ist absolut verständlich und notwendig. Bleibt die Frage: Was wird im Herkunftsland kritisiert. Man ist sicher auf europäischem Boden mit seiner Kritik. Die Herkunftsstaaten sollten jedoch ebenbürtig kritisiert werden, denn offensichtlich bieten sie ihrer eigenen

Bevölkerung keinen Schutz, keine Bildung, keine Perspektive, keine Existenz, keine Sicherheit, sonst würde man aus dem Land ja nicht fliehen. Der Staat verfolgt seine eigenen Staatsbürger, tötet sie, bringt sie ins Gefängnis. Eine Regierung, so stelle ich mir die Idee einer solchen vor, sollte ja in erster Instanz genau dafür sorgen, dass die Bevölkerung versorgt ist und ausgebildet wird, so dass sie ihr Leben sichern kann. Das ist im Globalen Süden und weit darüber hinaus nicht der Fall. Das ist kritikwürdig, aber die Kritik ist gefährlich, wie man am Beispiel Zehra und Raman sieht. In Deutschland darf man, wie gesagt, kritisieren, ohne dafür von der Regierung behelligt zu werden – doch der Politiker Walter Lübcke wurde von dem Rechtsextremisten Stephan Ernst ermordet. Und der Aufschrei, der folgte, war meines Erachtens überhaupt nicht groß genug.

Was will ich sagen? Es gibt keine schnelle Meinung und keine einfache Antwort, es gibt keinen messbaren Erfolg. Es gibt nichts, das Allgemeingültigkeit hätte – außer dem einen gemeinsamen Nenner: Wenn uns unser Leben lieb ist, müssen wir aufhören, dieses zu zerstören. Die Wenigen sind es, die die Vielen drangsalieren oder besser gesagt: ihnen das Leben zur Hölle machen. Dieses Leben, das so kurz währt. Offensichtlich ist der Homo sapiens nur ein verfehltes Experiment der Natur, das sich selbst überflüssig macht. Ich habe keine Hoffnung, auch wenn ich mit anderer Haltung erzähle. Der Mensch hat sich abgespalten von der Natur und erschafft nun mit Hilfe künstlicher Intelligenz eine weitere Spezies, die uns Menschen endgültig überflüssig machen und abschaffen wird. Dann halt so.

Es ist egal. Es ist alles egal, denn das Leben ist kurz, das Glück währt immer nur einen Moment und die Liebe währet auch nicht ewiglich. Nur der Planet kann überleben, aber auch nicht für die Ewigkeit. Die Ewigkeit, die ist da draußen, das dunkle kalte Nichts, in das wir eingehen, wenn wir sterben.

Und darum ist es auch letztlich egal, was ich in der Talkshow sagte, denn morgen wird eine andere Sau durch das Dorf getrieben werden, darum ist es vielleicht sogar so, dass man sagen muss, was man meint sagen zu müssen, um vor sich selbst zu bestehen: Dass ich eine Schauspielerin bin, die ihr Lebtag versuchte, differenzierte Figuren zu spielen und nicht »auch Krimi kann«, obwohl ich eingeladen worden war, um über meinen ersten Dokumentarfilm zu sprechen, in dem es um humanitäre, um politische Belange, um eine Filmschule in Moria ging.

THOMAS GEBAUER

Paradoxe Zuversicht. Das Drängen auf Befreiung scheitert nicht, weil die Idee der Freiheit falsch wäre.

Die fast unlösbare Aufgabe besteht darin, weder
von der Macht der anderen, noch von der eigenen
Ohnmacht sich dumm machen zu lassen.
    Theodor W. Adorno

Schon ein flüchtiger Blick auf die morgendlichen Schlagzeilen verspricht nichts Gutes. Schreckensmeldungen ohne Ende. Berichte von ergebnislos zu Ende gehenden Krisengipfeln. Appelle, von denen schon im Moment ihrer Äußerung feststeht, dass sie ungehört bleiben werden. Immer deutlicher wird das gesellschaftliche Unvermögen, den in der Welt herrschenden Krisen zu begegnen. Wo die Bereitschaft zu einem radikalen Umsteuern nötig wäre, dominieren affirmative, die bestehenden Fehlentwicklungen verlängernde Lösungsversuche, wenn nicht Gleichgültigkeit oder gar die Verleugnung der Wirklichkeit in Fake News und Verschwörungsphantasien.

Es ist zum Verzweifeln. Über 40 Jahre habe ich mich für eine andere, für eine von Vernunft geleitete solidarische Welt engagiert. Und nun? Waren all die Mühen vergebens? Ein ganzes Berufsleben ohne Wirkung?

Vom Studium kommend, bin ich Ende der 1970er Jahre zur Frankfurter Hilfs- und Menschenrechtsorganisation *medico international* gestoßen. Damals herrschte so etwas wie Aufbruchsstimmung. Mit der Gründung der Grünen brach die verkrustete Parteienlandschaft auf, neue unabhängige Medien entstanden, UN-Organisationen drangen auf globalen Ausgleich, in Mittelamerika nährten Befreiungsbewegungen die Hoffnung auf gesellschaftliche Emanzipation.

Auf Demos, Kongressen und im öffentlichen Diskurs war das zu spüren, was immer aufkommt, wenn Neues entsteht: das Gefühl eines »öffentlichen Glücks«. Dabei war die Lage keineswegs gut. Auch damals herrschten Krieg und Elend, aber wie viele andere war auch ich davon überzeugt, dass sich die Schrecken der Welt werden überwinden lassen.

Als Koordinator für die Arbeit von *medico* in Mittelamerika reiste ich in den achtziger Jahren regelmäßig nach El Salvador. Mit brutaler Gewalt versuchte das dortige Regime, den Aufstand der Bevölkerung niederzuschlagen. Immerhin, nach Jahren unermesslichen Leidens gelang es, ein Friedensabkommen durchzusetzen.

2018, bald dreißig Jahre später, bin ich noch einmal in El Salvador gewesen. Vieles hatte sich verändert, vieles war moderner geworden, die Lage der Leute aber nahezu unverändert geblieben. Die sozialen Risse, die schon damals zu erkennen waren, wirkten nun unüberbrückbar. Während eine kleine Elite über einen mitunter obszönen Reichtum verfügt, prägen Chancenlosigkeit und Stillstand das Leben der Mehrheit.

In den Geschäften der luxuriösen Wohnviertel San Salvadors kann man italienische *Gucci*-Taschen und Genfer Uhren bestaunen und einen perfekt zubereiteten Latte Macchiato bekommen. Nur ein paar Straßenzüge weiter aber regiert noch immer die pure Gewalt. Insgesamt 116 Morde wurden an dem einen Wochenende, an dem ich in der Stadt war, gezählt. Mehr als an vielen Wochenenden in den zurückliegenden Kriegsjahren. Für die Mehrzahl der Salvadorianer*innen hat sich der Krieg über den Friedensschluss hinaus fortgesetzt. Heute sind sie den Maras ausgeliefert: mafiöse Banden, die sich in der Perspektivlosigkeit des aufgezwungenen Elends gebildet haben und als Staat im Staate die Leute terrorisieren. Die Gewalt ist nicht verschwunden. Sie hat sich in dem Maße verfestigt, wie mit der globalen Entfesselung des Kapitalismus die soziale Ungleichheit dramatisch zugenommen hat. Nicht allen brachte die neoliberale

Umgestaltung der Welt ein Mehr an Freiheit. Viel zu viele leben heute in einer Art Vogelfreiheit, bar jeder rechtlichen und sozialen Sicherung.

Unter solchen Umständen verändert sich auch der Charakter von Solidarität. Statt nach vorne zu schauen und emanzipatorische Veränderungsprozesse voranzutreiben, wird sie auf die Bekämpfung eines sich ausbreitenden Unrechts zurückgeworfen. Nicht die Gestaltung der Zukunft steht dann im Vordergrund – so dringlich sie weiterhin wäre –, sondern das Abfedern der Folgen einer zerstörerischen Wirtschaftsordnung, die sich im Zuge der Globalisierung bis in den letzten Winkel der Erde ausgeweitet hat. Vielerorts ist das Elend heute so groß, dass der Bedarf an Hilfe die vorhandenen Hilfskapazitäten übersteigt.

40 Jahre also für nichts? Zuletzt bin ich immer wieder gefragt worden, wie ich trotz dieser frustrierenden Entwicklung nie die Zuversicht verlieren konnte. Zugegeben, auch ich frage mich das mitunter. Doch wenn ich darüber nachdenke, fallen mir einige Gründe ein. Eine wichtige Rolle spielt ohne Frage die eigene Haltung: ethische Überzeugungen und theoretische Reflexionen. Aber viel wichtiger sind die vielen mitreißenden Begegnungen mit Menschen, die selbst unter extremen Lebensumständen nie den Mut verlieren, für ihre Sache einzutreten. Von Bedeutung ist auch das mit den Jahren entstandene weltweite Beziehungsnetz, das Raum bietet für einen von Vertrauen getragenen Austausch über Analysen, Kritik und Aktion. Und dann sind es auch Erfolge, die motivieren, sowie das Aufscheinen von Alternativen, die nur darauf warten, Gestalt anzunehmen.

Um sich nicht vom Elend der Welt paralysieren zu lassen, ist zuallererst ein Verständnis der in der Welt herrschenden Machtverhältnisse erforderlich. Das Drängen auf Befreiung scheitert nämlich nicht, weil die Idee der Freiheit falsch wäre, sondern weil ihr machtvolle Interessen entgegenstehen. Weder die eigene Ohnmacht noch die Macht der anderen ist vom Himmel gefallen, sondern die Folge gesellschaftlicher Verhältnisse, die auch veränderbar sind. Die Prozesse, die dazu notwendig sind, können langwierig sein und die eigene Lebenszeit überschreiten. Auch die Errungenschaften, die wir heute für selbstverständlich halten, mussten über Generationen hinweg erkämpft werden. Der Weg von der ersten Menschenrechtserklärung Europas bis zu ihrer Verwirklichung dauerte über 200 Jahre – und ist noch immer nicht abgeschlossen. Vielen, die sich 1789 in Frankreich gegen den Feudalismus erhoben haben, blieb die Idee der Menschenwürde noch ein unerreichbares Ziel, und doch waren es ihre Kämpfe, die die Entwicklung in Gang setzten.

Es lohnt sich, auch dann für die Vision einer befreiten Gesellschaftlichkeit zu streiten, wenn man selbst nicht in deren Genuss kommt. Wenn ich dies auf Konferenzen und in Vorträgen betont habe, bin ich oft als Idealist belächelt worden. Man müsse realistisch bleiben und nach pragmatischen Lösungen suchen, wurde mir entgegnet. Genau darin aber lauert die Gefahr des Scheiterns. Denn das, was der Realismus anzubieten hat, ist nichts anderes als der prekäre Zustand, in dem sich die Welt heute befindet. Die Idee, die Welt allein mit klar definierten und zeitnah zu verwirklichenden Projekten verbessern zu können, wie es heute gelehrt wird, ist Unsinn. Nicht effizienteres Management und auch kein effektiver Altruismus sind nötig, um die herrschende strukturelle Gewalt zu bekämpfen, sondern das Beharren auf Veränderungen, die das Krisengeschehen an der Wurzel packen. Krisen lassen sich niemals mit demselben Denken bewältigen, das sie verursacht hat.

Sozialer Wandel lässt sich nicht am Reißbrett planen; er verlangt Menschen, die sich ihrer Lage bewusst sind und sich im Drängen auf Veränderung zusammenschließen, auch wenn rasche Ergebnisse unwahrscheinlich oder gar Rückschläge zu verkraften sind. Nach seinen größten Erfolgen befragt, antwortete der Kabarettist Dieter Hildebrandt einmal, dass kein deutsches Atomkraftwerk ohne seine Kritik ans Netz gegangen sei. Oft sind es Katastrophen, die schließlich die Augen der anderen für die Notwendigkeit des Handelns öffnen. Das zeigen auch die in den zurückliegenden Jahrzehnten von öffentlichen Bewegungen durchgesetzten internationalen Verrechtlichungen, beispielsweise das Abkommen zum Schutz der Biodiversität, die Einrichtung des *Internationalen Strafgerichtshofes* oder das Verbot von Landminen.

Am Kampf gegen die Landminen war ich selbst beteiligt. Ohne zu wissen, ob wir unser Ziel jemals erreichen würden, gründeten Bobby Muller, der langjährige Präsident der Vietnam Veteranen, und ich 1991 die *Internationale Kampagne zum Verbot von Landminen*. Schnell fanden sich mit sechs NGOs erste Mitstreiter, und schon bald waren es über 1000 Initiativen weltweit, die sich für die Forderung stark machten. Binnen sieben Jahren war eine transnationale Bewegung entstanden, der es schließlich gelang, die Politik zum Einlenken zu zwingen. Eine Waffe, die Zehntausende von Menschen getötet und ganze Landstriche unbewohnbar gemacht hatte, wurde verboten.

Dabei war uns klar, dass mit der Ächtung einer Waffe nicht auch die militärische Gewalt als solche zu Ende kommen würde. Solange die Welt von Ungleichheiten geprägt ist, werden Kriege geführt und neue Waffen entwickelt werden. Dennoch ist das Minenverbot mehr als nur ein symbolischer Erfolg. Es verweist auf die Stärke, die transnationale Bewegungen entfalten können, wenn es darum geht, die Bewältigung von Krisen zu einer öffentlichen Sache zu machen.

Auch wenn radikale Veränderungen nicht von heute auf morgen gelingen, hindert uns nichts daran, schon jetzt damit zu anzufangen. Die Verwirklichung konkreter Utopien muss nicht in eine ferne Zukunft vertagt werden. Und wer sich in der Welt umschaut, entdeckt bereits heute eine Vielzahl von Ansätzen, die sich der sozial-ökologischen Zerstörung der Welt widersetzen. Wir treffen auf Lebensformen, die nicht herrschaftlich verdinglicht sind. Auf Projekte, die Alternativen nicht nur behaupten, sondern bereits leben. Auf Initiativen, die sich in lokalen Wirtschaftskreisläufen der kapitalistischen Vergesellschaftung verweigern, auf Menschen, die sich für eine sozial-ökologische Wende stark machen, genossenschaftlich betriebene Höfe und Unternehmen aufbauen, kommunale Bürgerhaushalte mit Leben füllen, für Kulturzentren arbeiten, Begegnungen mit Geflüchteten organisieren oder für LGBTQIA+-Rechte streiten.

Die Kraft, die in diesen Projekten steckt, stimmt mich zuversichtlich. Sie mag derzeit vielleicht nur in Latenz existieren, kann aber jederzeit manifest werden. Die Sorge um den Erhalt der Umwelt ist nicht neu, aber niemand konnte vorhersehen, dass sich plötzlich eine weltweite Bewegung von Schülerinnen und Schülern bilden würde, die sich nicht mehr mit Beschwichtigungen abspeisen lassen will. Über alle Grenzen hinweg wächst heute eine unabhängige, vor allem von jüngeren Generationen getragene Öffentlichkeit, die gegen Klimazerstörung, aber auch gegen Waffengewalt und Rassismus Sturm läuft. Für mich sind das Vorboten eines neuen nicht-eurozentristischen Kosmopolitismus, der sich aus nationalstaatlichen Beschränkungen verabschiedet und mit dem Weltweitwerden der Welt Ernst macht.

Wir leben in einem Interregnum. Das alte System, das die Welt an den Abgrund geführt hat, kommt zu Ende, ohne dass das neue schon vollends entfaltet wäre. Solche Zwischenphasen sind hoch umkämpft. Und wie die Geschichte zeigt, schlägt das Überkommene oftmals umso härter zurück, je deutlicher die Zeichen auf Erneuerung stehen. Die Aufgabe, sich in diesen Zeiten nicht dumm machen zu lassen, kann auch motivieren.

HAIKE RAUSCH UND TORSTEN GROSCH

botanoadopt® – Agent Orange

Calamondinorange. Citrofortunella microcarpa.

Die Öko-Aktivistin benannte sich nach dem 1965 im Vietnamkrieg erstmals eingesetzten chemischen Entlaubungsmittel zur großflächigen Entlaubung von Wäldern und zur Zerstörung von Nutzpflanzen. Die Folgen dieser großflächig von Flugzeugen und Helikoptern versprühten Herbizide sind seitdem tief im kollektiven Gedächtnis aller der Photosynthese fähigen Lebewesen verankert. Agent Orange engagiert sich sechs Monate jährlich für den Schutz der Urwälder auf Borneo und Sumatra und lebt die zweite Jahreshälfte in Europa, Frankfurt a. M.
www.botanoadopt.org

REINHILD DETTMER-FINKE

Handeln statt Hoffen

Erst einmal eine gute Nachricht vorausgeschickt: Unsere Lebensverhältnisse sind von Menschen gemacht, also können sie auch von Menschen verändert werden. Theoretisch jedenfalls. In der Praxis kann es mühsam werden, kräftezehrend, bitter und frustrierend.

Trotzdem reizt es mich immer wieder, lieber Teil der Veränderung als Teil des Stillstands zu sein.

Mal hat mich der naturzerstörende Neubau einer Start- und Landebahn für Flugzeuge nicht überzeugt; dann hielt ich Atomkraftwerke für gefährlich und die Endlagerfrage für ungelöst. Von den Verwüstungen unzähliger Regionen durch den Uranabbau ganz zu schweigen. Ich saß dafür in endlosen Initiativgruppen, verfasste nächtelang Flugblätter, fror mir bei Eisregen den A… ab, trug einen klitschnassen Parka, weil ich einem Wasserwerfer im Weg stand. Und später: Gentrifizierung stoppen an der Elbe, eine Autobahn durch die vermeintliche »Green City« und den Naturschutzpark Schwarzwald verhindern. All das trotz mäßiger Erfolgsaussichten und ganz viel Arbeit?

Ja! Natürlich! Und immer wieder aufs Neue! Frei nach dem alten Sponti-Spruch:»Wer sich nicht wehrt, lebt verkehrt!« Weil Mensch sich als tätiges Subjekt erleben kann. Weil Mensch Freude am gemeinsamen Tun erfahren kann. Weil es politisch notwendig ist. Ja, weil Handeln immer besser ist als Hoffen. So fühlt es sich zumindest für mich an. So weit also meine Hymne auf das Machen.

Und wenn alles nichts gebracht hat, weil Startbahn und AKWs trotzdem gebaut wurden? Weil womöglich wieder einmal jahrelange Aktivitäten umsonst waren? Und weil, auch das gehört zur bitteren

Wahrheit zumindest meiner Generation, der Kapitalismus sich immer noch am Wachstumsmodell orientiert. Klimakrise hin und Ressourcenvernichtung her.

Oder – es geht auch kleiner – weil ein von der Filmemacherin ambitioniert und zeitintensiv ausgearbeitetes Exposé an der letzten Hürde scheiterte. Dann regieren Frust und Selbstzweifel, Wut und Trauer oder auch Resignation.

Wie damit umgehen? Wie lange braucht es, die Trauer zu überwinden? Welche Leitplanken halten mich in der Spur? Denn ganz so einfach, wie man in Sportlerkreisen sagt: »Mund abputzen und weitermachen«, geht es meistens nicht.

Bewährt haben sich je nach Problemlage unterschiedliche Strategien. Zuerst ist es für eine Analyse hilfreich, die Perspektive zu wechseln. Klar zu kriegen, was überhaupt geschehen ist. Dann ist es nötig, die eigenen Kränkungen, Verletzungen oder Wunden anzuschauen und auch zu versorgen. Dann eröffnen sich neue Perspektiven für das eigene Tätigwerden, es ist wieder möglich und die Freude kann sich wieder einstellen. Denn ohne Freude klappen weder die politische noch die filmische Arbeit.

»Aus einem traurigen Arsch fährt nie ein fröhlicher Furz«, wusste schon der sonst kritisch zu hinterfragende Luther. Wenn ich mich an keinem Baum mehr erfreuen kann, nur weil er im Kapitalismus wächst, kann ich weder den Ersten retten noch den Zweiten zähmen, mildern oder vielleicht sogar abschaffen. Und ohne coole Mitstreiter*innen und ohne ein ausreichendes Maß an Selbstfürsorge geht es schon gar nicht.

Doch wie kann Selbstfürsorge gelingen? Dazu gibt es inzwischen haufenweise Ratgeber, Trainingsangebote, ja, sogar Resilienz-Akademien, die den chronisch erschöpften Zeitgenoss*innen Hilfe bei der Stress- und Frustbewältigung bieten. Aber Achtung: Was als Selbstfürsorge daherkommt, könnte sich als Hilfe zur fortwährenden Selbstoptimierung entpuppen. Denn so, wie Mensch ist, ist Mensch per se defizitär!

Nein, genau das meine ich nicht, wenn ich von Selbstfürsorge spreche. Auch wenn in meinem persönlichen Anti-Frust-Programm viel gelaufen, geschwommen und gewandert wird. Tatsächlich tut mir Bewegung an frischer Luft und der Blick – Achtung, Romantizismus! – auf die »Schönheit der Welt« immer wieder gut. Ich bin schon manches Mal gerannt oder geradelt und habe meine Enttäuschung in den Wind geschrien. Es ist ja bekannt, dass durch Sport und Bewegung »Glückhormone« ausgeschüttet werden. Und so ein »Hormoncocktail« vertreibt zumindest das miese Gefühl, gescheitert zu sein.

Immer wieder hilfreich ist mir mit Freund*innen und Mitstreiter*innen verbrachte Zeit: zusammen essen, trinken und vom Scheitern erzählen. Sich trösten lassen. Sanfte Kritik zulassen. Gemeinsam nach Handlungsalternativen suchen.

Somit wird auch die oben angesprochene Analyse weitergeführt: Was ist eigentlich genau geschehen? Warum bin ich mit dem Projekt bzw. sind wir mit der Initiative gescheitert? Sind es strukturelle Probleme und wenn ja, sind diese Strukturen veränderbar? Was machen andere in vergleichbaren Situationen? Waren meine Erwartungen zu hoch? Haben wir vielleicht Teilziele erreicht? Oder muss ich mein Scheitern akzeptieren?

Mitunter schreibe ich in dieser Phase einen Brief, in dem ich Antworten auf diese Fragen festhalte und den ich auch adressiere. Ob ich ihn dann abschicke oder besser für spätere Situationen aufbewahre, entscheide ich situativ.

Als inspirierend, beglückend und Kraft spendend erlebe ich auch immer wieder Bücher, Filme, Musik. Sie können das selbst erfahrene Unglück relativieren, stellen es in einen größeren Zusammenhang. »Nimm dich nicht zu wichtig«, scheinen sie zu sagen.

Ja, und dann wäre da noch das Lob der Faulheit. Einfach mal nix machen. Rumlümmeln, rumhängen und Langeweile zulassen. Vielleicht kommen dann neue Ideen, neue Ansatzpunkte.

Und irgendwann geht es wieder los: Mit zeitweisem Tunnelblick ein Projekt entwickeln. Mitstreiter*innen finden. Eine Initiative vorantreiben, ein Ziel erreichen – oder positiv scheitern. (Weil Mensch gelernt hat, die eigenen Kräfte realistisch einzuschätzen.)

Weil Mensch fragt: »Was ist möglich?« oder »Wann sollte Mensch es lieber bleiben lassen?«

Denn eines ist klar: Handeln statt Hoffen tut gut, aber das Ende der Jeanne d'Arc war der Scheiterhaufen.

PS: Zur seit 2011 abgehakten AKW-Debatte zumindest in Deutschland kommt jetzt – trotz Fukushima und Tschernobyl – der Taxonomie-Beschluss der EU um die Ecke. Nicht nur, dass in der EU weiterhin AKWs gebaut werden, nein, sie werden neuerdings sogar als »nachhaltig« eingestuft. Da gehe ich doch gleich wieder auf die Straße!

MARKUS N. BEEKO

Das Privileg, nicht an der Welt verzweifeln zu müssen

Prolog

Gestern + Gutes + Schlechtes = Heute

Heute + WIR = Zukunft

Heute + WIR • LUST (statt Frust) = auf dem Weg zur Utopie

1. Kapitel: Vergangenheit

»Wir«: Es war einmal die Spezies »Homo sapiens« auf dem Planeten Erde. Nennen wir sie der Einfachheit halber »Wir«. »Wir« lebten meist in kleinen Gruppen und Stämmen, mehr oder weniger im Einklang mit Flora und Fauna. Das Leben war hart und das Überleben gelang nur gemeinsam. Krankheiten, wilde Tiere, Naturgewalten forderten sie und auch Tribut. »Wir« lernten zu kooperieren, aber auch zu beherrschen und zu unterdrücken. »Wir« machten sich Natur, Technik sowie andere »Wirs« und deren Besitz zu eigen. »Wir« unterschieden und wurden unterschieden. »Wir« weiteten den Radius ihres Wirkens aus, immer weiter um den Erdball: »Wir« trieben globalen Handel, beherrschten, beuteten aus, unterdrückten und bekämpften, bis hin zu globalen Weltkriegen. Aber »Wir« wehrten sich auch immer gegen Unterdrückung, forderten Freiheit, Selbstbestimmung, Schutz ihrer Lebensgrundlagen und Menschenrechte. Und dem globalen Handel, dem globalen Imperialismus, den globalen Kriegen und dem globalen Raubbau folgte auch die globale Solidarität.

»Wir« organisierten sich, wo immer Unrecht geschah und auch zunehmend in globalen Bewegungen.

»Ich« wuchs auf mit Menschen wie meinem Vater, die an große Ideen und Ideale glaubten: an die Unabhängigkeit und Selbstbestimmung ehemaliger Kolonien; an die Gleichheit und Achtung aller Menschen einschließlich ihrer selbst. Die sich und anderen täglich bewiesen, dass sie selbst als Einzelne einen Unterschied machen können – auch und gerade in einer Welt, in die sie hineingeboren wurden, nicht als »citizen«, nicht als Bürger eines Staates mit Rechten, sondern als »subject of the British Empire«.

Für mich bestimmten dieses Bewusstsein, »einen Unterschied machen zu können«, und der Wille, »auch als Afrikaner« eine aktive Rolle einzunehmen, dieser Glaube an die eigene Selbstwirksamkeit, immer mein Selbstverständnis. »Ich« wollte immer ein selbstbestimmter Mensch sein, nie fremdbestimmt »tun zu müssen«, sondern »tun zu können« – dem eigenen Willen und der eigenen Lust folgend.

2. Gegenwart: Hier + Heute

»Wir«: Das »Wir« der globalen Solidarität lebt! Wir wissen, was zu tun wäre. Wir wissen, was zu tun ist. Am stärksten sind wir, wenn wir nicht lange miteinander ringen, was der richtige Weg sei, sondern jede*r loslegt und dabei ist. »Ich« bin noch dabei. Ich will auch heute nicht wegschauen, wenn Menschen Unrecht geschieht. Mich schmerzt auch nach fast 20 Jahren bei *Amnesty International* jede Schilderung in unseren Berichten; jedes Miterleben grausamer menschlicher Leiden schlägt mir auf den Magen. Joan Baez hat einmal gesagt: »Action is the antidote to despair«. Mir hilft, dass ich jeden Tag aktiv werden darf, anstatt passiv an der Welt zu verzweifeln.

Ich bin privilegiert.

Dieses Privileg ist ein Geschenk mit Nebenwirkungen: *Frust:* Es bleibt die brutale Konfrontation mit der eigenen Unfähigkeit, nicht alles Vorgenommene erreicht zu haben, nicht allen helfen zu können, es nicht einmal versucht zu haben. Die Erkenntnis, einen Schritt langsamer gewesen zu sein oder nicht weitergedacht zu haben als »die dunkle Seite der Macht«.

Mein Gegenmittel: »Wir«. Ihr. Mir hilft die Chuzpe, die Intelligenz, die Kreativität und die geile (sic) Wirksamkeit all der unglaublich smarten, überraschenden, konsequent durchgezogenen Interventionen und Aktionen von vielen Mitstreitenden weltweit. Das hilft, sich daran zu erinnern, was geht. Das hilft, den Frust zur Lust zu machen, es mit einem neuen Anlauf jetzt noch mal »richtig« zu machen! Deshalb: Umschauen. Feiern, was man gern selbst auf die Beine gestellt hätte. Mir hilft das beim Wiederaufstehen.

Wut: Es bleibt die Wut. Und der Versuch, sie Treibstoff sein zu lassen, für die Kraft des Trotzes, »die anderen« nicht gewinnen zu lassen. (Wenn das nicht hilft, hilft mir Sport.)

Trauer: Es bleibt Trauer in den Momenten, wo es nur noch Trauer gibt. Mitmenschen werden getötet. Mitmenschen überleben im Innern verstört, zerstört. Starke Menschen. Verletzliche Menschen. Ich gestehe: Ich habe zu oft verdrängt. Ich will lernen, meiner Trauer mehr Raum zu geben.

Tränen: Regelmäßige Begleiterinnen meines Lebens. Vor allen Dingen dann, wenn Menschen menschlich handeln. »Random acts of kindness« rühren mich jederzeit und sofort, seien sie noch so klein. Der Mensch, der menschlich handelt, rührt mich. (Vielleicht sind es Tränen der Erleichterung, dass es da draußen tatsächlich gute Menschen gibt.)

Erschöpfung: »Wellbeing is Resistance«, erinnerte mich mal Peter Steudtner, der Berliner Menschenrechtler, der in der Türkei mit meinen *Amnesty*-Kolleg*innen Monate unschuldig im Hochsicherheitsgefängnis Silivri saß. Dass ich Peters Mantra nicht vergesse, dafür sorgt der kleine von ihm gefaltete gelbe Papierelefant auf meinem Schreibtisch, der mich still erinnert, auf mich zu achten und öfter auch mal loszulassen.

Was mich zu bewährten Hausmitteln bringt:
Loslassen: Pause zu machen, den Kopf frei zu kriegen, obwohl die Welt sich weiterdreht, übe ich zusammen mit der Bescheidenheit, mich daran zu erinnern, wie viele Mitstreiter*innen es gibt. »The

struggle continues«, auch wenn ich Luft hole. Praktisch heißt das zum Beispiel, dass ich, wenn ich mal im Urlaub bin, wirklich keine Zeitung lese und keine Nachrichten schaue, solange niemand im Büro wegen eines Notfalls anruft. Ehrlich.

Ehrlichkeit: hilft entgegen Widerständen loszulassen von all den scheinbaren Pflichtübungen, die oft drohen, uns vom eigentlich Wichtigen abzuhalten. Mal aufgrund der vielfältigen Erwartungen »an die Guten« oder auch aufgrund eingeübter »NGO-Folklore«, gegen die auch Bewegungen wie *Amnesty* nicht gefeit sind.

Erwartungen: Für mich zählen die Erwartungen derer, mit denen und für die wir uns einsetzen. Von allen anderen versuche ich mich so frei wie möglich zu machen.

Demut: Der Kontakt zu Menschenrechtsverteidiger*innen, die weltweit mutig Drohungen, Gewalt, Haft oder Folter trotzen, ist eine unermessliche Energiequelle. (Noch wichtiger als Sonne, Schlaf, Gras, Baum, Wald, See, Meer, Musik, Bewegung – ohne die ich nur schlecht funktioniere.) Demütiger Dank.

3. »The Future«

Ich bin nicht zuversichtlich für die Zukunft der Menschheit. Es ist nicht Hoffnung oder Zuversicht, die mich trägt. Mein »Zukunftsmut« kommt für mich nicht aus Zuversicht, sondern aus Zutrauen. Ich glaube: Eine bessere Welt ist unwahrscheinlich. Aber möglich. Mit uns allen zusammen. Mich trägt mein Dank für das Geschenk, Teil des »Wir« sein zu können. Teil derer, die versuchen, der Unterschied zwischen »Heute« und »Morgen« zu sein. Was für ein Privileg.

4. FUTURZWEI

Für uns alle eine Ermunterung:

Das, was gelingt, wird an »uns allen gemeinsam« gelegen haben.

Für uns alle eine Beruhigung:

Das, was nicht gelingt, wird nicht allein an uns gelegen haben.

Stay strong. Stay well. Ich glaube an Euch!

KATJA BERLIN

Reaktionen auf das politische Engagement junger Menschen

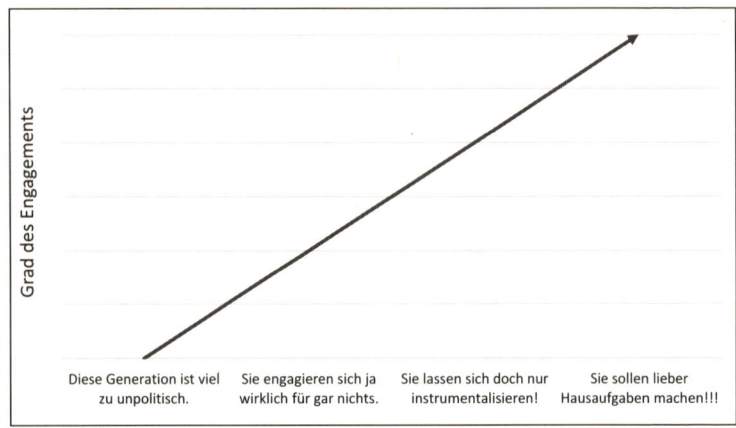

JACOB SYLVESTER BILABEL

There is a light that never goes out.

Vor drei Monaten ist mein Onkel gestorben. Eigentlich nichts Ungewöhnliches. Die Ärzte versicherten uns, dass die Sterblichkeit immer noch bei 100 Prozent liegt. Also bei allen. Bei ihm ging es relativ schnell. Zumindest schien es so für seine Frau, meine Mutter und mich. Irgendwann ist er im Garten ausgerutscht und dann aus dem Krankenhaus nicht mehr herausgekommen. Das lag aber am Krebs, den er vor uns allen verheimlicht hatte. Oder vielleicht wollten wir auch nicht so ganz genau hinschauen. Dann war er plötzlich tot. Weg. Für immer.

Warum ich das erzähle?

Weil mir ein Bild dieser irren Woche besonders im Gedächtnis geblieben ist. Wenn man in Deutschland stirbt, beginnt irgendwo ein kleines Uhrwerk zu ticken und alles sollte idealerweise relativ schnell und unmerklich passieren. Im Falle meines Onkels hieß das: schnell seinen toten Körper aus dem Krankenhaus holen, gekühlt lagern und dann fix verbrennen oder begraben. Dafür hat man maximal acht Tage Zeit. Weil wir ihn davor alle aber noch mal sehen wollten, wurde er noch einmal aufgebahrt, so dass wir uns von ihm verabschieden konnten. Und genau das führte zu dem für mich sehr speziellen Erlebnis in diesem scheißkalten Friedhofsraum irgendwo im Odenwald. Denn als ich vor diesem leblosen Rest meines geliebten Onkels stand, fror, weinte und nicht ein noch aus wusste, dachte ich auf einmal: »Er sieht verdammt nochmal zufrieden aus!« Fast schien es so, als würde er lächeln. Auf eine seltsame Art wirkte er weder verzweifelt noch verbittert und schon gar nicht tot.

Was wäre, wenn Zufriedenheit uns sozusagen als Basis-Einstellung mitgegeben wäre?

Bisher hatte ich mein Leben anders gelebt: Mein Geheimrezept in all den Momenten des Scheiterns war bis dato eigentlich eine geradezu strahlende Unzufriedenheit gewesen. All die Jahre hatte ich mir angewöhnt, immer viel zu große Pläne zu haben, viel zu phantastische Träume und viel zu unrealistische Ziele. Und bin dann mit aller Kraft (und darüber hinaus) auf diese zugerauscht. Und manchmal auch mit Karacho daran vorbei. Die grandiosen Erfolge und das zuweilen dramatische Scheitern und die damit verbundene Unzufriedenheit waren für mich nicht nur Teil des Spiels, sondern geradezu die »conditio sine qua non«, ohne die alles irgendwie egal wäre. Dem von mir hochgeschätzten Muhammad Ali schreibt das Internet folgendes Zitat zu: »Wenn Deine Träume Dir keine Angst machen, sind sie nicht groß genug.« Das passte gerade recht für meine präpotente Angstlosigkeit, die ich sehr früh kultiviert hatte.

Aber wie kam es dazu?

Die für mich popkulturell prägenden frühen 1990er Jahre hatte ich als Hamburger Skateboarder zwischen den Alstervillen im edlen Harvestehude und der Halfpipe im Problembezirk Lohbrügge genossen. Für mich ganz wunderbar: Es gab immer einen neuen Trick zu lernen. Und zwar so lange bis es geklappt hat. Egal, ob blutige Knie, gerissene Bänder oder kaputte Handgelenke dabei rauskamen. Das war der einzige Weg, um in der schichtenübergreifenden Hierarchie aufzusteigen. Für mich damals unglaublich aufregend und sozusagen das Gegengift gegen die Welt der in meinen Augen frühvergreisten Popper in meiner Schule mit *Lacoste*-Poloshirts, Tennisclub-Pullovern und Segelschuhen. Bei meinen neuen Skater-Freunden aus den mir am Anfang unbekannten Bezirken gab es immer irgendwo eine Party, Stress mit Nazis oder den »Türken«-Gangs. Oder man schlug schlichtweg Zeit tot, weil die Eltern noch auf der Arbeit waren. Und die Mädchen waren auch hübscher und interessierter an mir. Die Berliner Band *Plan B* lieferte mit ihrem Fast-Hit »Discontentment is our Engine« den Soundtrack. Wer Angst hatte, konnte ja wieder Hockey spielen. Und wer als Teenager zufrieden war, hatte nur zu wenig *The Smiths* gehört.

Die Mischung aus Angstlosigkeit und scheinbar eleganter Unzufriedenheit sollte mich noch lange begleiten. Zu lange. Auf der Haben-Seite konnte ich so zwar ein sozusagen unerschütterliches Selbstvertrauen aufbauen. Aber eben auch eine eher unterentwickelte Intuition von Dingen, die man vielleicht wirklich nicht allzu lange mit sich, seinen Beziehungen und der Welt im Allgemeinen tun sollte.

Erst viel später wurde mir klar, wie sehr mich diese Prägung zu dem gemacht hat, was ich heute bin. Das Nichtverzagen und die Angstlosigkeit wurden meine Superkräfte. Aber auch meine Achillesferse. Die Unzufriedenheit trieb mich an. Sobald mich der Ennui plagte, wusste ich, was zu tun war: einen noch irreren Trick ausprobieren. Höher, schneller und weiter. Dann nicht mehr auf dem Skateboard, sondern im echten Leben. Leider kam damit auch der gefährliche Glaubenssatz, dass Zufriedenheit sozusagen der langweilige kleine Bruder vom Tod ist, die bürgerliche Variante der Frühverrentung. Frust gab es dabei nie. Scheitern oft.

Und irgendwann dann auch ein Burnout. Weil ich eben ganz stoisch immer weitergemacht habe. Ohne Angst. Und nie wirklich zufrieden. Auch wenn ein Anhalten viel gesünder gewesen wäre. Überlebt habe ich wahrscheinlich nur durch die Intervention meiner Frau und meines besten Freundes. Viele stellen sich ein Burnout als einen erzwungenen Full Stop vor. Bei mir war es das Gegenteil: Ich drehte immer schneller, fühlte mich dabei blendend und dachte: »Es läuft doch gerade spitze für mich.« Mein Glück war: Ich konnte rechtzeitig reagieren, bevor es für mich lebensbedrohlich wurde. Aber eben nur durch die Hilfe von Menschen, die mutig und sensibel genug waren, sich in meinen Weg zu stellen. Dafür bin ich ihnen unendlich dankbar.

Ich musste danach meine gesamte Lebenslogik neu aufbauen, was nicht ganz einfach war. Wie lernt man, Angst zu haben? Was passiert eigentlich, wenn man mal keine gute Idee mehr hat? Muss ich alles alleine machen? Und vor allen Dingen: Stirbt man wirklich, wenn man zufrieden ist?

Heute, viele Jahre später, kann ich ehrlich sagen, dass mir viele Dinge Angst machen. Dass ich nicht verstehe, wie die Welt eigentlich funktioniert, und mich täglich freue, dass es doch irgendwie ganz gut klappt hier mit uns Menschen. Ich habe erfahren, dass die Welt auch mal ganz gut ohne mich klarkommen kann. Und ich nicht jeden Tag beweisen muss, dass ich ein Recht habe hier zu sein. Auf eine seltsame Weise gibt mir das viel Kraft. Und seitdem ich meinen Onkel so entspannt habe lächeln sehen, ist sogar meine Angst vor dem Tod gewichen. In dem Moment damals im Odenwald wurde mir klar: Nur wenn ich zu Hause bin, kann ich jeden Tag aufs Neue in die Welt gehen.

Bin ich heute zufrieden? Schwer zu sagen. Aber ich habe ja noch ein paar Jahre vor mir. Bis dahin genieße ich das Kribbeln im Bauch, das ich habe, wenn ich etwas Neues starte, das mir heute noch Angst macht. Aber liebe es auch, immer öfter einfach mal gar nichts zu machen und mit meiner Frau und meinen Hunden im Garten zu liegen.

Und einfach nur in den Himmel zu schauen.

Tipps aus meinem Leben

· Die Angst ist Deine Freundin, weil sie Dich wach und aufmerksam macht.
· Es ist aber auch okay, mal ein Nickerchen in der Sonne zu machen.
· Gewöhn Dich an das Gefühl, auch mal keinen Plan zu haben.
· Du kannst zufrieden sein und musst nicht gleich sterben.
· Höre nicht so viel *Morrissey*.
· Die Welt kommt gut ohne Dich klar, aber mit Dir wird es lustiger.
· Der beste Witz ist Dein Leben.
· Die besten Partys enden immer in der Küche.
· Es gibt nichts Schöneres, als zusammen nach Hause zu gehen.

FAUTE COUTURE

Irgendwer (muss es ja machen)

Es gibt so viel zum dafür
So viel zum dagegen sein
Worauf schieße ich mich ein
In nur einer Lebenszeit
Woran halte ich mich fest
Wenn die Klippe eh abreißt
Denk, dass mein letztes Hemd
Ein Segel wird, wenn Meere steigen
Ist meine Existenz
Nur ein Fragment in ewigen Streits
Oder find ich das Rezept
Und werd zum lebenden Beweis
Will mir Widerstände leisten
Trage zum entgegen bei
Aufgehört, Schritte zu zählen
Können nicht den Weg beschreiben

Refrain
Irgendwer
Muss es ja machen (muss es ja machen)
Ich pack meine Sachen
Setz Headphones auf
Blend aus den Schwachsinn
Den sie verzapfen
Probleme wachsen
In den Himmel

Dreh ich sie um
Dann kann ich darin schwimmen

Erste Demo, kein Output
Zweite Demo, kein Output
Petition versinkt im Outlook
Themensetzung nicht im Ausschuss
Wände plakatiert, abserviert
Durch Werbung für ein Auto
Schreibe täglich wieder drauflos
Hoffe, dass es jemand aufruft
Stürze mich ins Machen
Und die Menschheit sich in Kaufsucht
Gestern baut ich eine Arche
Doch kam dann nicht in den Ausguck
Wisch den Schweiß von der Stirn
Hol tief bis in den Bauch Luft
Werd Münchhausen-like derjenige sein
Der mich da rausholt

Refrain
Irgendwer
Muss es ja machen (muss es ja machen)
Ich pack meine Sachen
Setz Headphones auf
Blend aus den Schwachsinn
Den sie verzapfen
Probleme wachsen
In den Himmel
Dreh ich sie um
Dann kann ich darin schwimmen

SHAI HOFFMANN

Schwarz-Weiß-Denken aufbrechen

Dezember 2021. Schon wieder flattert eine Fördermittelabsage per Post ein. Ich zähle sie schon nicht mehr, die Absagen. Ich hätte nicht gedacht, dass mich und ein engagiertes Team das eine Projekt, das ich 2017 ins Leben gerufen habe, so viel Kraft kosten würde. Absagen schmerzen und gebündelt holen sie einen manchmal wie eine Naturgewalt auf den Boden der Tatsachen zurück. Sie lassen einen an der Idee zweifeln und an sich selbst sowieso. Im besten Fall führen sie dazu, dass man die Idee überdenkt, anpasst und sogar besser macht. In meinem Fall verderben sie einem aber eher den Spaß am Projekt.

Wir sind jedoch von der Notwendigkeit dieses Projektes so überzeugt, dass wir nicht aufgeben. Aber lassen Sie mich, bevor ich Sie zu lange auf die Folter spanne, das große Projektmysterium lüften: Wir möchten »Israel-Palästina-Bildungsvideos« für den deutschen schulischen und außerschulischen Bildungsbereich erstellen, da der Nahostkonflikt (NOK) hierzulande vor allem aus historischen Gründen unterbeleuchtet ist. Harter Tobak, wie Sie merken.

Als ich 2016 im stillen Kämmerlein begann, an einem Konzept zu schreiben und es anschließend an mögliche pädagogische Kooperationspartner*innen schickte, war mir schnell klar, dass ich den richtigen Nerv traf. Im Geschichtsunterricht geht die Erzählung der Staatsgründung Israels selten über den Zweiten Weltkrieg, sprich die Shoa, hinaus. Somit bleibt der NOK für viele eine Blackbox.

Mit fatalen Folgen: Antisemitismus war immer allgegenwärtig und avancierte wieder stärker zu einer ernsthaften Bedrohung unserer freiheitlich demokratischen Grundordnung. Mir selbst sind Menschen jüdischen Glaubens bekannt, die aus Angst eines histo-

rischen Déjà-vus mindestens gedanklich wieder auf ihren gepack-
ten Koffern sitzen, um im Falle des Falles fliehen zu können. Dieser
Umstand bestürzt und beschämt mich als in Berlin lebender Jude,
weshalb ich mir das Projekt »Israel-Palästina-Bildungsvideos[1]« aus-
gedacht habe. Die Idee ist schnell beschrieben: Fünf Videos, die in
Israel und Palästina von einem Kamerateam mit Regisseur gedreht
und produziert werden, sollen zusammen mit pädagogisch aufbereiteten Handreichungen Lehrenden und Lernenden im deutschen
Bildungsbereich als Lehrmaterialien kostenlos zur Verfügung gestellt
werden.

Ein True-Color-Grafiksystem kann 256 reine Grautöne anzei-
gen. Das menschliche Auge erkennt theoretisch bis zu 60 verschiedene Grautöne, doch im hochkomplexen NOK erkennen die meisten Menschen – wenn überhaupt – nur zwei Farben. Wir möchten
das Schwarz-Weiß-Denken über den NOK aufbrechen, antisemiti-
schen Haltungen und antimuslimischen Ressentiments entgegenwirken. Durch Bildung und Identifikation mit den Protagonist*innen.

Ich bin ein waschechter Berliner, born and raised in Berlin-Schö-
neberg als Arbeiterkind israelischer Einwanderer, die als Kinder von
Holocaustüberlendenden in den siebziger Jahren nach Deutschland kamen. Ich bezeichne mich als Berliner Jude mit israelischen
Wurzeln, für den Berlin Heimat ist. Und die soll es nicht nur für
mich bleiben, sondern auch für meinen zweieinhalbjährigen Sohn.
Deshalb sind meine Koffer nicht gepackt, im Gegenteil. Ich möchte
mit meinen Privilegien als weißer Cis-Mann für eine offene Gesellschaft – entschuldigen Sie den martialischen Begriff – kämpfen, die
leider gar nicht mehr so selbstverständlich und sicher zu sein scheint.
Nach meinem Studium der Betriebswirtschaftslehre bin ich deshalb
nicht Unternehmensberater oder Controller geworden, sondern Sozialunternehmer und Aktivist. Als dieser stoße ich Projekte an, die
unseren gesellschaftlichen Zusammenhalt stärken sollen – ob mit
dem *Bus der Begegnungen, Integrations-Bus, DemokratieBus, Tiny-
House Grundgesetz, Bus der Zukunft* oder dem *DEMOS MAG*, einem

Onlinemagazin zur Förderung unserer Demokratie. Aber zurück zu meinem Sorgenprojekt.

Nachdem 2017 eine pädagogische Projektpartnerin gefunden war, stellte sich die Frage der Finanzierung. In zahlreichen Stiftungen und Ministerien legten wir unser Konzept vor, doch eine Förderung blieb aus. Lange Zeit stellten wir uns die Frage, was wir falsch machten? Woran lag es, dass wir uns bei so vielen potenziellen Fördermittelgeber*innen die Zähne ausbissen? Wir bauten unser pädagogisches Team aus, holten uns Feedback von Lehrer*innen sowie Pädagog*innen ein und überarbeiteten unser Konzept. Auch alle rechtlichen Fördervoraussetzungen waren gegeben. Allmählich realisierte ich, dass es nicht nur an uns und unserem Konzept lag.

Unsere Gesellschaft geht auch 77 Jahre nach Ende des Zweiten Weltkriegs nicht souverän mit Themen rund um das Judentum, Israel, Juden und Jüdinnen um. Gewiss ist es Verunsicherung und Unwissen. Es ist auch die in (zu) vielen Täterfamilien ausgebliebene Aufarbeitung des Geschehenen. Diese Umstände münden in einem stark eingeengten Diskursraum, wenn es um die Formulierung von durchaus legitimer Kritik am israelischen Staat geht. Die Verunsicherung in der hiesigen Gesellschaft ist groß. Was darf (noch) gesagt werden, wann schlägt die Antisemitismuskeule zu? Jedes gesagte oder geschriebene Wort wird zu einem möglichen Backlash für die Verfasser und kann schließlich zu Ausladungen zu Kulturveranstaltungen oder Talkshows führen – auch Cancel Culture genannt. Der Nahostkonflikt ist ein Politikum, das die hiesige, ausgewogene Bildungsarbeit zum Israel-Palästina-Komplex zu einer großen Herausforderung macht. Fördermittelgeber*innen, die oft zu politischer Neutralität verpflichtet sind, haben Angst, sich mit geförderten Projekten Antisemitismusvorwürfen ausgesetzt zu sehen. Ziemlich schlechte Ausgangsvoraussetzungen für unsere Israel-Palästina-Bildungsvideos.

Allmählich verließ mich die Hoffnung. Ich war kurz davor, das Projekt auf Eis zu legen. Doch dann kam ich auf eine Idee. Der NOK ist hierzulande gesellschaftlich ein zu relevantes und aktuelles Thema, um das Projekt scheitern zu lassen. Das hatte mir die Resonanz meiner Posts in den sozialen Medien gezeigt. Gleichzeitig zweifelte ich daran, ob es bei einem so politischen Thema wie dem Nahostkonflikt überhaupt noch zeitgemäß ist, dass einige wenige nicht betroffene Menschen bei einer Stiftung oder einem Ministerium über ein solches Projektvorhaben und dessen gesellschaftliche Tragweite entscheiden. Mir widerstrebte es, dieses Machtgefälle und den maximal intransparenten Entscheidungsprozess der Fördermittelgeber*innen zu akzeptieren.

Warum also nicht einfach die Hierarchie aufbrechen und einen letzten Versuch starten? So wuchs die Idee einer Crowdfundingkampagne, die im Dezember 2019 online ging. Zugegeben: Israel-Palästina-Bildungsvideos samt Handreichungen sind kein optimales Crowdfundingprojekt, da wir die Bildungsvideos allen Lehrkräften im DACH-Raum *kostenlos* zur Verfügung stellen wollen und die Unterstützer*innen sich kein klassisches Produkt vorbestellen konnten. Zweifel, ob wir das hohe Finanzierungsziel von 60 000 Euro erreichen würden, schwang die ganze Zeit mit. Während der Kampagnenlaufzeit zweifelte ich viel, denn ein Crowdfunding gleicht einer Achterbahnfahrt. Vielleicht war die Projektidee doch gar nicht so gut, wie wir dachten? Der erste, sehr prägende Satz des Pitchvideos lautet: *»Das hier ist das vermutlich bisher wichtigste Projekt meines Lebens.«*[2] Die Crowd glaubte mir und dem Team. Rund 250 Menschen machten das Projekt schließlich zu einem vollen Erfolg. Am Ende der Kampagne kamen 14 360 Euro über das Crowdfunding und zusätzliche 15 000 Euro über die *VielRespektStiftung* von Reinhard Wiesemann zusammen. Dafür sind wir allen Beteiligten sehr dankbar, weil sie uns gezeigt haben, dass wir weitermachen sollten und das Projekt eine hohe gesellschaftliche Relevanz hat. Doch mit dem Geld aus dem Crowdfunding ist nur ein Teil des Projektes in trockenen Tüchern. Für die Postproduktion der Videos sowie die Erstellung der dazugehörigen pädagogisch aufbereiteten Handreichungen sind wir derzeit noch auf Finanzierungssuche.

Die erfolgreiche Crowdfundingkampagne verschaffte uns einen Moment der Freude mit angezogener Handbremse, da wir durch die chronische Unterfinanzierung des Projektes prekäre Arbeitsverhältnisse reproduzieren. Das frustriert mich. Und wo wir schon dabei sind, müssen wir gesellschaftlich, aber vor allem auch politisch, über hiesige Förderstrukturen sprechen. Wie kann es sein, dass Initiativen, Vereine und andere gemeinnützige Körperschaften unerlässliche Arbeit für den Zusammenhalt unserer Gesellschaft leisten und unter so prekären Verhältnissen bestehen müssen? Die bürokratischen Vorgaben samt Dokumentationspflichten und Einhaltung der Fördermittelverwendungstabellen sind der ursprünglichen Projektarbeit nicht zuträglich. Im Gegenteil: Der Beginn einer Förderperiode heißt oft der Beginn der Suche nach Fördermitteln für die nächste Förderperiode. Das kostet Zeit, die sinnvoller in das Projekt investiert wäre. Deutschland braucht das längst überfällige Demokratiefördergesetz, das all die vorangegangenen Missstände regelt und Demokratieförderung durch Vereine und andere gemeinnützige Institutionen konsequent und längerfristig sicherstellt. Es ist vor allen Dingen eine Frage der Wertschätzung den rund 16 Millionen ehrenamtlich engagierten Menschen gegenüber, die unsere Gesellschaft zusammenhalten.

Die von mir initiierten Projekte sind nicht alle die Erfolgsgeschichten, als die sie unter Umständen wahrgenommen werden. Sie sind auch aus schmerzlichen Erfahrungen, frustrierenden Momenten und Beobachtungen erwachsen. Wie etwa die Feststellung, dass wir uns als Gesellschaft nicht mehr richtig begegnen, so ganz analog. Die entfesselte Marktwirtschaft, auch Neoliberalismus genannt, hat dazu geführt, dass wir mehr und mehr zu einer Individualgesellschaft geworden sind. Abstiegsängste befördern den Wohlstandswettkampf. Die Folgen sind verheerend und bereits jetzt ersichtlich. Wir erleben, dass zunehmend mehr Menschen sich zurückziehen und vereinsamen. Die Digitalisierung, aber auch die COVID-19-Pandemie aggregieren diese Entwicklung. Es entstehen ökonomisch begründbare, digitale Filterblasen, in denen wir uns nur mit Gleichgesinnten austauschen oder – wie jüngst beobachtet – radikalisieren. Die Komplexität der Welt führt zur Suche einfacher Antworten und Erzählungen. Widersprüchlichkeiten werden immer weniger toleriert. Dabei ist genau das eben auch Demokratie: Das Aushalten von Ambiguitäten, alles zwischen der Dichotomie gut und schlecht.

Diese Entwicklungen frustrieren mich. Sie ermutigen mich aber auch darin, mit meinen Privilegien einfach (Projekte) zu machen und zu schauen, was sich daraus entwickelt. Was wären wir heute für eine Gesellschaft, wenn wir aus Angst vor dem Scheitern der eigenen Idee gar nicht erst eine Chance geben würden? Wäre das nicht das eigentliche Scheitern? In meinem Fall stärkte jedes Scheitern meine Widerstandsfähigkeit, auch wenn ich es unmittelbar nach der frustrierenden Erfahrung nicht sah. Jedes Scheitern förderte auch meine Kreativität und gab mir dank meines inspirierenden Umfeldes, mit dem ich über meine Gefühle und Befindlichkeiten sprechen konnte, wieder Kraft und Mut weiterzumachen. Andernfalls wäre ich auf die vielen oben beschriebenen Projekte vermutlich nicht gekommen. Scheitern ist immer auch eine Chance. Und ganz nebenher ist es sicherlich kein Zufall, dass im Wort »SHAitern« auch mein Name rauszuhören ist.

1   https://www.israelpalästinavideos.org/ (5.5.2022).
2   www.startnext.com/bildungsvideos (5.5.2022).

KLAUS MILKE

Zeit des Aufbruchs und der Transformation. Eine Dekade der Umsetzung liegt vor uns.

Für mich kam es nicht in Frage, mich im Frust oder in der Enttäuschung festzubeißen. Selten habe ich mich entmutigen und frustrieren lassen, auch wenn ein Vorhaben nicht in meinem Sinne gelingen wollte.

Sich große Ziele zu setzen und nicht gleich zu sagen, das ist aber unmöglich, ist mir sehr eigen. Ebenfalls zu meiner Persönlichkeit gehört, sich über kleine Teilergebnisse und -erfolge zu freuen. Nicht zuletzt inspirieren mich die vielen Menschen, mit denen ich in unterschiedlichen Lebensetappen zusammengewirkt habe und noch immer wirke. Sie geben mir immer wieder neue Energie.

Es gibt stets ein »*Sowohl als auch*«, aber auch ein »*Ja, aber*« oder ein »*Nein, aber*«. Ein Schwarz-Weiß-Denken ist aus meiner Sicht nicht zielführend. Mich interessiert vielmehr, was dazwischen liegt.

Ein bedeutendes Frusterlebnis in den vergangenen Jahren war für mich das Scheitern von Kopenhagen 2009. All unsere Erwartungen für ein global verbindliches Klimaabkommen wurden enttäuscht. Doch wie sich letztendlich herausstellte, entwickelte sich genau aus diesem Scheitern eine neue positive Dynamik und Lernkurve. Die Klimakrise konnte nicht Top-Down gelöst werden, sondern nur von unten mitgetragen, also Bottom-Up. Der Prozess zum *Pariser Klima-Abkommen 2015* hat genau das bestätigt.

Haltung und Lebensweg

Eher auf der Mut- und Tatendrangseite zu stehen, hat vielleicht auch etwas mit meinem Lebensweg zu tun. Grundlegende Veränderungen, aber auch kleine Schritte hin zu Neuem zuzulassen und Verantwortungsübernahme haben immer zu meinem Leben gehört. Es gab immer wieder schmerzhafte Trennungen und Verluste, aber auch Neuaufbrüche mit tollen Menschen und Brücken, die zu betreten aufregend Neues erwarten ließen.

Mein Vater, Chef eines mittelständischen Unternehmens im Westfälischen, starb zu früh, und dieser Verlust hat mich 1966 mit 16 Jahren nach erster Erschütterung und dann zu meinem Erstaunen alsbald zur Stütze und zum Berater meiner Mutter gemacht. Bereitschaft zur Verantwortung war so für mich sehr früh angesagt. Und von der Familie her unternehmerisches Denken, dann aber im positiven Sinne von »etwas Neues und Innovatives unternehmen«, begleitet mich seitdem.

Mit 18 Jahren rutschte ich in die Vietnam- und 68er-Debatte hinein. Altes zu überwinden und Dinge grundsätzlich in Frage zu stellen und alte ungerechte und unrechte Strukturen durch Neues zu ersetzen, gehörte zum guten Ton und dieser hat sich damals in mir festgesetzt.

Menschheitsfamilie, Kampf und Kontemplation

Später kam eine spirituelle Erfahrung hinzu: Das Anfang der 1970er Jahre des letzten Jahrhunderts viele junge Menschen aus der Welt und auch mich inspirierende *Konzil der Jugend* und die Leitidee »Kampf und Kontemplation« der ökumenischen Brüdergemeinschaft von Taizé in Burgund in Frankreich haben mich in der Zeit des Studiums über das Politische hinaus sehr geprägt, mir viel Hoffnung gegeben und Begegnungen mit Menschen anderer Kontinente und Kulturen gebracht. Dies passierte zeitgleich mit den Befreiungen aus der kolonialen Abhängigkeit, insbesondere in Afrika. Und dass es nicht unmöglich ist, mit wenigen Menschen und knappsten Mitteln ganz große Treffen für über 10 000 Teilnehmende zu organisieren, habe ich lernen dürfen.

Eine Reise 1977 nach Sambia sowie das unmittelbare Zusammenleben mit dort lebenden Menschen führte für mich zu der zentralen

Frage, was Entwicklung eigentlich bedeutet. Die Begegnung zum Tee mit Präsident Kenneth Kaunda, zu dem wir uns keck selbst eingeladen hatten, und das Singen der südafrikanischen Freiheitshymne (bevor einige Jahre danach – was manche für unmöglich gehalten hatten – das Apartheidsystem überwunden wurde) bleiben unvergesslich.

Doch dann forderte mich eine ganz andere Welt heraus: Der Einstieg als Jungunternehmer in unser Familienunternehmen – ich hatte gerade eben meinen Diplomkaufmann gemacht – war vor dem Hintergrund der damals schon gemachten Erfahrungen ein ziemlicher Balanceakt. Es trieb mich um, Reformen für Selbstverwaltungs- beziehungsweise Mitarbeiter-Beteiligungsmodelle durchzuführen. Dieses Vorhaben wurde mir allerdings alsbald von meinen Mitgesellschaftern unmöglich gemacht. Sie wollten eher schnelles Geld durch den Verkauf des Straßenbau- und Zementunternehmens beziehungsweise die Hereinnahme von zwei Großkonzernen machen.

Engagement als Vernetzer und Brückenbauer

Ich zog mich nach Versuchen, mich dazu mit den Mitarbeitenden und der Gewerkschaft abzustimmen und den Verkauf zu verhindern, nach einiger Zeit enttäuscht zurück. Trotz dieses Rückschlags wurden Ressourcen frei und ich tankte neue Energie. Ich begann Politikwissenschaften und Soziologie zu studieren. Betriebswirtschaftslehre allein reichte mir nicht mehr aus. Mit Gleichgesinnten errichtete ich in Münster die *Arbeitsstelle Entwicklungspolitik* am *Institut für Politikwissenschaften* und mischte nach kurzer Zeit als Vernetzer im breiten Feld der regionalen kirchlichen Eine-Welt-Initiativen und der vielen damals existierenden Dritte-Welt-Solidaritätsgruppen mit. Insbesondere die Mitarbeit im Koordinierungsausschuss des *BUKO*, dem *Bundeskongress entwicklungspolitischer Aktionsgruppen und Solidaritätsinitiativen*, hatte eine große Bedeutung für meine Entwicklung. Beim *BUKO* war es mir ein großes Anliegen, den bundesweiten Arbeitsschwerpunkt »Weltwirtschaft und Schuldenkrise« mitzuetablieren, woraus später dann die bundesweite Kampagne

»Erlassjahr 2000« geworden ist. Die Schuldenkrise des Globalen Südens war damals ein Brennpunkt der öffentlichen Debatte.

Mit dem damaligen Vorstandsvorsitzenden Alfred Herrhausen konnte ich als kritischer Aktionär in den Hauptversammlungen über die Köpfe der vielfach über mich verärgerten Kleinaktionäre der *Deutschen Bank* hinweg einen konstruktiven Schuldendiskurs führen. Bis Herrhausen ermordet wurde[1] und die Debatte mit den Banken wieder überaus schwierig wurde.

1989/1990 kam es dann zur großen politischen Wende im »Entwicklungsland Deutschland«. Mit einem Schlag entstand durch die Vereinigung mit den neuen Bundesländern ein größeres Deutschland. Man fragte sich nicht nur, wie das Zusammenwachsen denn gelingen würde, sondern auch, wie das größer gewordene Deutschland seine Weltverantwortung in der Globalisierung jetzt und in der Zukunft wahrnehmen würde.

Gründung von Germanwatch

Mit einigen anderen Eine-Welt- und entwicklungspolitisch Aktiven waren wir uns Ende der achtziger Jahre des letzten Jahrhunderts einig, dass wir eine ganz neue Watch-Organisation in Deutschland aufbauen mussten, die die deutsche Politik und Wirtschaft in ihren Auswirkungen auf die Welt zu beobachten hätte. Doch zunächst erlitten wir mit der Gründung einer Vorläuferorganisation eine ziemliche Bruchlandung. Sie war leider nicht richtig aufgesetzt. Das hat viel Kraft gekostet, aber die Entscheidung, die erste Organisation komplett zu beerdigen, hat uns den Schub gegeben, die richtigen Weichen für eine Neugründung zu stellen. Mit unserer Arbeit wollten wir zum einen Fehlentwicklungen in Deutschland entgegenwirken und Lobbyarbeit für diejenigen machen, die bei uns im Land keine Stimme haben, und zum anderen nicht nur kritisieren, sondern zukunftsträchtigere Lösungen vorschlagen.

So wurde im Februar 1991 in einer Gründungsversammlung von hundert Engagierten die *Nord-Süd-Initiative Germanwatch* aus der Taufe gehoben. Doch auch die Namensgebung führte zu großen Diskussionen, da ein englischer Name für eine deutsche Organisation zu der damaligen Zeit sehr viel Weitsicht erforderte. Von Anbeginn war ich im Vorstand, von 2005 bis 2019 Vorstandsvorsitzender. Mit einem halben Hauptamtlichen fingen wir an und steckten all unsere Energie und Zeit in den Aufbau der jungen Organisation. Immer wieder hatten wir mit finanziellen Schwierigkeiten zu kämpfen. Mein wichtigster Antrieb, auch in diesen schwierigen Phasen weiterzumachen, waren die vielen anderen engagierten Menschen um mich herum, aber auch die Dringlichkeit für eine Veränderung, die mir immer bewusst war. Ein Aufgeben kam nicht in Frage. Mit der strategischen Frage »Wo ist die größte Hebelwirkung?« und dem Leitspruch »Hinsehen – Analysieren – Einmischen« ist *Germanwatch* seit seiner Gründung unterwegs. Als heute Ehrenvorsitzender bin ich hochzufrieden mit dem, was wir geschaffen haben. *Germanwatch* feierte sein 30. Jubiläum im Februar 2021 und hat mittlerweile circa 100 Mitarbeiter*innen im Team.

Stiftung Zukunftsfähigkeit

Pilotfisch in der Zivilgesellschaft zu sein und mitunter auch Global Player (im für uns besonders wichtigen Klima- und Energiebereich) – das zeichnet *Germanwatch* aus.

Der Dialog mit der Wirtschaft spielte unter dem Motto »so viel Kooperation wie möglich, so viel Konflikt wie nötig« von Anbeginn eine Rolle und macht uns heute zu einer führenden Organisation im Bereich Unternehmensverantwortung. Der Bereich Welternährung, Handel und Landnutzung liegt uns gleichfalls sehr am Herzen. Große Transformation geht eben über Klima und Energie hinaus.

Aus meinem Hintergrund – das Familienunternehmen wurde Mitte der 1990er Jahre tatsächlich verkauft – konnte ich die *Germanwatch*-orientierte *Stiftung Zukunftsfähigkeit* miterrichten. Die Zementindustrie hatte damals den Werbespruch kreiert »Beton ist, was man daraus macht«. Ich denke, dass ich diesen Slogan ganz gut umgemünzt habe. Aus meinem anfänglichen Scheitern, das Familienunternehmen zu transformieren, ergab sich für mich am Ende an anderer Stelle ein völlig neuer Gestaltungsrahmen. Auch diese Erfahrungen, dass sich zunächst erlebte Widrigkeiten am Ende zu positiven Ereignissen entwickelt haben, geben mir immer wieder Auftrieb.

Die *Stiftung Zukunftsfähigkeit* bot sich dann auch an, einziger Gesellschafter der von *Germanwatch* und vom Bundesumweltministerium initiierten *atmosfair gGmbH* zu werden. Ein Akteur für klimafreundlicheres Fliegen, den es nun, 2022, auch schon seit 17 Jahren gibt.

Ein weiterer wichtiger Akzent in unserer Arbeit ist die durch *Germanwatch* und die *Stiftung Zukunftsfähigkeit* unterstützte Klimaklage des peruanischen Bergführers Saúl Luciano Lliuya gegen *RWE*. Als das Essener Landgericht die Klage in erster Instanz abwies, schien dieses Verfahren schon zu enden, bevor es richtig begonnen hatte. Aber die Kraft und Energie des Klägers und der Anwältin gaben auch mir den Mut, nicht aufzugeben. Die Berufungsinstanz, das Oberlandesgericht Hamm, hat uns dann auch in diesem Schritt bestätigt, als es entschied, in die Beweisführung einzutreten. Das weltweit beachtete Verfahren ist nun im siebten Jahr.

Die internationale Stiftungsplattform Foundations 20

Der Frust über den Brexit und über die Wahl von Trump war auch bei mir groß. Aber auch dies hat mich nicht dazu bewogen, den Kopf in den Sand zu stecken, sondern nach anderen Strategien zu suchen, unsere Ziele trotzdem zu erreichen. Mit dem Rückenwind des Klimaabkommens von Paris und der Verabschiedung der *2030 Agenda* mit den *17 Sustainable Development Goals (SDGs)* im Jahre 2015 habe ich Mitte 2016 angefangen, eine Plattform von vielen deutschen Stiftungen ins Leben zu rufen, die Teil der Lösung zur Umsetzung dieser beiden internationalen Zielsetzungen sein wollten. Dies geschah angesichts des *G20*-Gipfels, der im Juli 2017 in Deutschland stattfinden sollte.

Mit der *Stiftung Zukunftsfähigkeit* haben wir den Stein dafür ins Rollen gebracht, dass heute weltweit über 80 Stiftungen hier zusammenwirken, mit mindestens einer Stiftung in fast allen G20-Ländern). *FUTURZWEI* ist auch dabei und das freut uns sehr!

Meine Devise zusammengefasst: analytischen Weitblick pflegen, auf globale Gerechtigkeit, Menschenrechte und den Erhalt der Lebensgrundlagen setzen, Brücken bauen und Vernetzungen nutzen, im Dialog und Perspektivaustausch auf Kooperation und neue transformative Allianzen setzen. Wir haben angesichts der Klima- und Artenvielfaltskrise nur noch ein knappes Zeitfenster, in dem wir angemessen handeln können. Zusammen können wir das schaffen!

DOCH ich will ehrlich sein: Der von mir nicht für möglich gehaltene Krieg Putins gegen die Ukraine hat mir und meiner eigentlich unerschütterlichen Zuversicht einen schweren Dämpfer verabreicht. Wir wissen heute noch nicht, wo wir, wenn dieser Beitrag veröffentlicht wird, im eigenen Land und international stehen werden. Und wie viel weitere wertvolle Zeit, in der Klimakrise zu handeln, wir verlieren werden!

1 Herrhausen stimmte Schuldenstreichungen zu und machte sich auch bei seinen Bankerkollegen unbeliebt. Er starb 1989 durch ein gegen ihn gerichtetes Bombenattentat.

CHRISTA MÜLLER

Fortschrittsglaube, Fortschritt und Himbeerenpflücken

Kleine Geschichte eines nur vermeintlichen Scheiterns

»Mehr Fortschritt wagen.« Als ich erstmals vom Motto des Koalitionsvertrages von SPD, Grünen und FDP hörte, fühlte ich mich stante pede zurück ins Frühjahr 1986 versetzt, als viele dachten, der Glaube an den Fortschritt hätte sich nun endgültig desavouiert. Der »größte anzunehmende Unfall« im (damals noch) sowjetischen Atomkraftwerk Tschernobyl führte aber auch zu meiner persönlichen – und im Vergleich natürlich unbedeutenden – Geschichte des Scheiterns.

Aber bleiben wir zunächst bei der Begrifflichkeit der neuen Bundesregierung. Fortschritt wovon? Fortschreiten von wem und von was? Wie kann es heute mitten in der Klimakatastrophe, inmitten der Spannungsfelder postkolonialer Verwerfungen und »neuer Weltordnungen«, transhumanistischer Drohkulissen und einem riesigen Sterben der Tiere und Pflanzen ein weiteres Fortschreiten von den »Naturgrundlagen der Gesellschaft« geben? Rhetorische Fragen, ich weiß.

Ich war 1986 gerade zurückgekehrt von einem einjährigen Studienaufenthalt an der Uni in Sevilla, hatte im dortigen »Archivo General de Indias« Dokumente der spanischen Kolonialgeschichte gesichtet, und war dabei, mich gedanklich auf eine Diplomarbeit zu diesem Thema vorzubereiten.

Anfang Mai erreichten die Nachrichten vom radioaktiven Fallout auch Bielefeld und führten in der autonomen Frauenbewegung zu nächtelangen Diskussionen. Für uns war klar, dass diese Katastrophe einmal mehr den »patriarchalen Charakter« der kostenexternalisierenden Industriemoderne aufzeigte. Ich verwarf mein Diplomarbeitsvorhaben und begann, mich auf das Thema zu konzentrieren, das für die nächsten zwei Semester einzig meinen Alltag bestimmen sollte: Tschernobyl. Ich wollte verstehen, wie ein Atomunfall passieren und zugleich sein Ausmaß in grotesker Weise geleugnet werden konnte.

Mit den steigenden Becquerel-Zahlen gefiel sich die als »männliche Ernährer« gerierende CDU/FDP-Ministerriege im Kabinett Kohl II in öffentlich inszenierten Ess- und Trink-Happenings, in denen sie sich und »dem Volk« die Lage vor laufenden Kameras schönredete. Sie tranken trotz ausschlagender Geigerzähler radioaktiv verstrahlte Milch, verzehrten mit harmlosen Mienen frische Salatblätter, betonten mantraartig die Bedeutung der Atomkraft für Gesundheit und Wirtschaft. »Sie messen und dann essen sie es doch«, kommentierte die Ökonomin Christel Neusüß damals lakonisch in einem zeitdiagnostischen Beitrag.

Ich derweil versuchte in meiner Diplomarbeit mit dem Titel »Fortschrittsglaube und Fortschritt. Eine Kritik nach Tschernobyl« die Fortschrittsideen des 19. Jahrhunderts durch die Gegenblende des GAU argumentativ auf ihre Essenz zurückzuführen. Oder umgekehrt? Ein 150 Seiten langer, mit noch nicht abgekühltem Zorn geschriebener und insgesamt ein wissenschaftstheoretisch unerfahrener Versuch, (mir) die Lage zu erklären.

Die Diplomarbeit wurde schließlich vom Zweitgutachter (übrigens einem weltberühmten Systemtheoretiker, der heute nicht mehr unter den Lebenden weilt) an der damals noch weltberühmten Bielefelder *Fakultät für Soziologie* nicht als wissenschaftliche Leistung anerkannt.

Ich war entgeistert, als ich mich mit dem seitenlangen, ablehnenden Urteil konfrontiert sah. Es tat weh, ein Jahr harter Arbeit und so viele Tage und Nächte des Beobachtens und Schreibens und Lesens mit wenigen Federstrichen beseitigt zu sehen. Der sogenannte Fortschritt erschien wie eine unaufhaltsam voranschreitende

Maschinerie, die längt nicht mehr steuerbar war. Diese Erkenntnis entmutigte mich über das Gefühl des persönlichen Scheiterns weit hinaus, ebenso wie die, dass meine Sicht der Dinge nicht teilbar – oder zumindest nicht vermittelbar – war.

Was mich dann aus diesem Frusterlebnis – einem meiner bis dato größten – »herausgeholt«, »gerettet« etc. hat, war kein singuläres Ereignis, keine blitzartige Erkenntnis oder Ähnliches von dieser Art. Eher war es ein Prozess. Ein Prozess des Weitermachens, der aus vielen kleineren und größeren Puzzleteilen bestand.

Zunächst versuchte ich mich in der Flucht nach vorne: an die *FU Berlin*, an der ich mich für das nächste Semester einschrieb. Dann aber spürte ich schnell, dass ich genau dort meinen Abschluss wollte, wo ich Ablehnung erfahren hatte. Und schrieb, zurück in Bielefeld, eine zweite Diplomarbeit.

Dass ich diese mit weniger Empörung, stattdessen mehr Distanz zum Gegenstand und deutlich größerer Einsicht in komplexe Zusammenhänge unkompliziert durch die Prüfungsgremien brachte, verhalf nicht nur zum Abschluss, sondern auch zum Zutrauen, dass die Welt womöglich doch noch zu reparieren war, auch durch wissenschaftliche Arbeit. Dass ich Jahre später nach diversen Feldforschungsaufenthalten und auch an der *Fakultät für Soziologie* zum Dr. rer. soc. promovierte, war dann eigentlich nur noch eine weitere Bestätigung dieser tröstlichen Erfahrung.

Im Nachhinein betrachtet, scheint mir jedoch das der entscheidende Punkt: Was wirklich hilft, über Ego-Schmerz und Frusterlebnisse der nicht alltäglichen Art hinwegzukommen, um das Gefühl aushalten zu können, mit den besten Argumenten kein Gehör zu finden, sind vielleicht zwei wesentliche Dinge: Zum einen halfen die Solidarität und der Zuspruch der vielen Mitstreiter*innen, die auch auf der Suche nach Veränderung waren, die mich bestärkten, in die nächste Runde zu gehen. Zum andern die täglichen Dosen von Inspiration, die wir alle von dieser Welt, von unseren Mitmenschen und nichtmenschlichen Lebewesen erhalten. Dazu die nun folgende kleine Aufzählung:

Was hilft? Eine Aufzählung:
- Dass es ein Urban-Gardening-Manifest gibt.
- Dass globales Denken und Handeln zunehmend globales Umweltgerechtigkeitsdenken und -handeln ist (auch wenn dies noch eine etwas unbeholfene Begrifflichkeit ist) und dass sogenannte indigene Stimmen sehr viel mehr gehört werden.
- Dass die Rechte der Natur immer häufiger auf globaljuristischer Ebene anerkannt werden.
- Dass die Diskurse um Tierrechte heute öffentliche Resonanz erzeugen und dass die üblicherweise schnell auftauchenden Mechanismen (»das sind doch nur idealisierende Darbietungen des Bildungsbürgertums, das sich vegane Lebensstile leisten kann«), nicht mehr so häufig verfangen. Dass sich vielmehr Studierende in agrarwissenschaftlichen Studiengängen experimentelles Wissen aneignen, was bio-vegane Landwirtschaftsformen angeht, dass sie Tiere nicht »nutzen«, sondern mit ihnen befreundet sein wollen.
- Dass gleich zwei Philosophinnen mit sensationellen Neuerscheinungen das »Zeitalter des Lebendigen« (Pelluchon 2021) bzw. die »Revolution für das Leben« (von Redecker 2020) ausrufen und kluge Gedanken und inspirierende Diskurse beitragen. Bei der Verleihung des *Günther Anders-Preises für kritisches Denken 2020* an Corine Pelluchon würdigte die Jury, dass ihre »philosophische Gegenwartsdiagnostik radikal modernekritische Wege in eine ökologische Zivilisation aufzeigt, ohne die Errungenschaften der Aufklärung preiszugeben«.[1] Pelluchon plädiert konsequent für eine »neue Aufklärung«, die den Anthropozentrismus, die ungleichgewichtige Repräsentation des Menschen in der Natur zu korrigieren in der Lage ist.
- Dass, wie Eva von Redecker sagt, in verschiedenen sozialen Bewegungen ein neuer Geist auszumachen ist, den man »Fürsorgepflicht gegenüber dem Leben« nennen könnte. Die Dinge bzw. die Verhältnisse, so die Philosophin, könnten sich ändern, wenn Menschen in wachsenden Kontexten Prinzipien von

Verbundenheit, Bedürfnisorientierung, Weltwahrung einfordern würden. Wenn sich immer mehr Menschen gegen die Zerstörung wenden und wenn ihr Welt- und Selbstverhältnis zunehmend davon bestimmt würde. (Dabei plädiert Redecker allerdings für Geduld: Eine Revolution ereigne sich allmählich.)

· Dass viele neue gemeinschaftliche Formen heute in ineinander verschwimmenden Formen von Kunst, Urbanität und Regionalität entstehen.

· Dass die *documenta fifteen* erstmals in ihrer Geschichte kollektiv kuratiert wird (von dem Künstler*innenkollektiv *ruangrupa* aus Jakarta) und dass die Kurator*innen, wie sie schreiben, »die Werte und Ideen von lumbung zugrunde gelegt haben: lumbung, direkt übersetzt ›Reisscheune‹, bezeichnet ein in den ländlichen Gebieten Indonesiens gemeinschaftlich genutztes Gebäude, in dem die Ernte einer Gemeinde als gemeinsame Ressource für die Zukunft zusammengetragen, gelagert und nach gemeinsam bestimmten Kriterien verteilt wird.«[2]

· Dass das Thema gemeinschaftlich genutzter Formen von Eigentum wie gemeinschaftlicher Nutzungen von Eigentum in jeder Hinsicht auf der Debattenrangfolge nach oben schießt, sichtbar auch durch ein wachsendes Interesse etablierter Wissenschaft daran.

· Und nicht zuletzt hilft Lyrik, helfen Gedichte, Dichter*innen aus vielen Zeiten und Epochen, allen voran Rumi, Rilke, Amanda Gorman und Rose Ausländer (2012), mit der ich schließe:

Gemeinsam

Vergesset nicht
Freunde
wir reisen gemeinsam

besteigen Berge
pflücken Himbeeren
lassen uns tragen
von den vier Winden

Vergesset nicht
es ist unsre
gemeinsame Welt
die ungeteilte
ach die geteilte

die uns aufblühen läßt
die uns vernichtet
diese zerrissene
ungeteilte Erde
auf der wir
gemeinsam reisen

1   www.guenther-anders-gesellschaft.org/anders-preis (5. 5. 2022).
2   www.documenta-fifteen.de/ueber/(5.5.2022).

BERNHARD THOME

Biskuits gegen Frust

Liebe Dana, lieber Harald,

Ihr könnt einen Dicken nicht nach Frust-Rezepten fragen – er hat genügend Anti-Frust-Rezepte – leider funktionieren sie alle nicht und machen nur noch dicker …

Aber ich habe dafür ein viel erprobtes Rezept, welches einer ganzen Nation hilft, den Weltschmerz zu vergessen und das Leben mehr zu genießen. In Frankreich gibt es die »Madeleine de Proust«, was die Kombination einer »Madeleine« (Biskuit) und einem heißen Lindenblütentee darstellt.

In seinem Buch »Auf der Suche nach der verlorenen Zeit« beschreibt Marcel Proust Kindheitserinnerungen an seine Mutter, die ihm bei kindlichem Weltschmerz immer einen Lindenblütentee mit einem Madeleine-Biskuit als eine Art kulinarische Umarmung gab und dadurch jeden Frust und Schmerz verdrängte.

Selbst nach dem Tod seiner Mutter nutzte Proust diese Tee-Gebäck-Kombination, wenn der große Weltfrust wieder einmal einsetzte. Und auch ohne die tatsächliche mütterliche Umarmung fühlte er deren liebevolle Zuneigung und sie half ihm auch posthum über jedes Leid hinweg.

Ich schicke Euch dann also kein eigenes Rezept, sondern das klassische Madeleine-Rezept:

Zutaten:

3 Eier

50 g Butter

80 g Zucker

60 g Mehl

60 g Speisestärke

½ TL Backpulver

2 EL Orangensaft und etwas Orangenabrieb

(eventuell auch einig Tropfen Rosenwasser)

Zubereitung:

Die Eier mit dem Zucker cremig aufschlagen. Orangensaft und Abrieb unterrühren. Butter schmelzen und ebenfalls hinzufügen. Das Mehl mit Backpulver und Speisestärke vermischen und ganz behutsam unterheben.

In die (vorher geölten) Madeleines-Formen gießen (die Form darf aber nur bis zu ¾ ausgefüllt sein!) und für knapp 9 bis 10 Minuten bei 175 Grad Ober- / Unterhitze backen.

Mein Tipp:

Im Frühsommer zwischen Mai und Juni ist ganz Berlin in den betörenden Duft der Lindenblütenbäume eingehüllt. Einfach kurz innehalten – den Duft tief einatmen und wenn möglich einige Handvoll der oft tief hängenden Blüten (mit Blättern) sammeln – trocknen und in einer Dose aufbewahren. So ist man ausreichend gegen den kommenden Frust vorbereitet.

Und da 100 Gramm von den Biskuits immerhin 450 dickmachende Kalorien besitzen – hier noch das Rezept der Marcel-»light«-Version: Brüht Euch einen Lindenblütentee auf – lasst ihn mehrere Minuten ziehen – und erinnert Euch beim Genießen an schöne Erlebnisse und liebevolle Menschen aus Eurem Leben. Das buttrig süße Blütenaroma des Tees wird Euch dabei helfen …

Ich wünsche Euch viele süße und frustlose Momente!

Euer Bernhard

ERNST ULRICH VON WEIZSÄCKER

Ein Frust-Erlebnis zum Thema Ökosteuer

Seit den 1980er Jahren war mir klar, dass Umweltschutz nicht allein durch Verbotsschilder, Grenzwerte und Naturschutzgebiete geleistet werden kann. Insbesondere der ständig wachsende Energie-, Mineralien- und Flächenverbrauch waren zur Gefahr für die Natur geworden. Aus Gesprächen und Lektüre lernte ich, was der britische Ökonom Arthur Cecil Pigou schon vor (damals) 60 Jahren in seinem klassischen Buch »*The Economics of Welfare*« (Pigou 1920) geschrieben hatte. Man solle Schadenstifter fiskalisch belasten, damit sie weniger Schaden stiften. Sehr einleuchtend.

Von 1984 bis 1991 war ich Direktor des *Instituts für Europäische Umweltpolitik* mit Sitz in Bonn, damals Sitz des Bundestages und der Bundesregierung. Das Institut hatte Büros in Paris und London sowie Kontaktpersonen in Brüssel und in den Hauptstädten anderer EU-Länder. Daher wussten wir oft mehr über aktuelle Umweltpolitik als viele Bundestagsabgeordnete. Natürlich kam ich in Bonn öfter mit Abgeordneten zusammen, die sich für die EU-Umweltpolitik interessierten, und ich sprach mit ihnen auch über die Ökosteuer. 1991 wurde ich Gründungspräsident des *Wuppertal Instituts für Klima, Umwelt, Energie*, blieb aber wohnhaft in Bonn – denn das *Wuppertal Institut* stand ganz nah am Hauptbahnhof.

Für die Umwelt- und Klimapolitik schien mir eine sozialverträglich gestaltete ökologische Steuerreform ein ideales Steuerungsinstrument, das mit minimalem bürokratischem Aufwand sehr wirksam sein könnte. Hierüber erzielte ich weitgehende Einigkeit mit parlamentarischen Gesprächspartnern, auch von der CDU. So ergab es sich, dass diese eine Initiative für eine ökologische Steuerreform entwickelten und beim nächstmöglichen CDU-Parteitag als Antrag einbrachten, im November 1995 in Karlsruhe. Zu meiner freudigen Überraschung fand der Antrag breite Unterstützung. Doch sofort erklärte der Parteivorsitzende und amtierende Bundeskanzler Dr. Helmut Kohl in scharfer Sprache, dass es unter seiner Kanzlerschaft auf keinen Fall eine ökologische Steuerreform geben werde. Er machte sich Sorgen um die Geschäftslage von Industriefirmen einschließlich der ihm eng vertrauten *BASF* in Ludwigshafen.

Für mich war das eine schlimme politische Frust-Erfahrung. Ich erlebte in der Zeit des Waldsterbens und der beginnenden Klimapolitik, dass eine breite Volksmehrheit und die Mehrheit der wichtigsten Regierungspartei eine sehr vernünftige politische Entscheidung unterstützten, dass aber das Gewicht eines einzelnen führenden Politikers ausreichte, diesen Prozess zu stoppen.

Diese Erfahrung bestärkte mich in der Überlegung, nach dem erfolgreichen Aufbau des *Wuppertal Instituts* meinerseits eine Funktion in der Politik anzustreben. Ganz neu war die Überlegung nicht, denn ich war ja schon 1966 in die SPD eingetreten, 1967 zum Juso-Vorsitzenden in Freiburg gewählt worden, und 1968 zum Mitglied des baden-württembergischen SPD-Landesvorstandes. Fast 30 Jahre später, nach mehrfachem Berufs- und Ortswechsel außerhalb Baden-Württembergs, bekam ich von der Stuttgarter SPD das überraschende Angebot, bei der Bundestagswahl 1998 als Kandidat anzutreten, und ich akzeptierte.

Nun hieß es, auch in der SPD Schritte für eine gute Klimapolitik zu formulieren und die Einwände gegen die Ökosteuer zu überwinden. Am wichtigsten war es, die Sorgen der Industriegewerkschaften, vor allem der *IGBCE* (Bergbau, Chemie und Energie) zu entkräften. Die wichtigste Idee war, mit kleinen Sätzen zu beginnen und diese jährlich sanft zu steigern. Dadurch könnte der Anreiz zum klimafreundlichen Umbau und vor allem der Energieeffizienz auf viele Jahre hinaus verstärkt werden. In meinem 1995 mit Amory Lovins verfassten Bestsellerbuch *Faktor Vier: Doppelter Wohlstand, halbierter Naturverbrauch* (von Weizsäcker u. a. 1996) hatten wir ja bewiesen, dass es gigantische Steigerungsraten in Richtung Effizienz und Klimaschutz geben könnte.

Die breite Zustimmung im SPD-Lager gelang Oskar Lafontaine, damals Parteivorsitzender, durch einen naheliegenden Trick: Verwendet doch die Ökosteuer-Einnahmen zur Senkung der Lohnnebenkosten! Dann wird es von Jahr zu Jahr in der gewerblichen Wirtschaft immer profitabler, Kilowattstunden arbeitslos zu machen statt Menschen. 1998 verpasste der Kanzlerkandidat Helmut Kohl die gewohnte Mehrheit. Es kam zur ersten rot-grünen Bundesregierung, und Lafontaine wurde Bundesfinanzminister. Meine »Jungfernrede« im Bundestag durfte ich zur Einführung der Ökosteuer halten. Und fünf Jahre später berechnete das *Deutsche Institut für Wirtschaftsforschung*, dass die Ökosteuerreform unserem Land etwa 300 000 Arbeitsplätze gesichert oder neu geschaffen hatte.

Der Frust war überwunden. Und bei einem Flug von Peking nach Frankfurt winkte mich Helmut Kohl zu sich in die 1. Klasse und führte mit mir ein beinahe freundschaftliches Gespräch, allerdings nicht über die Ökosteuer.

Der Krieg in der Ukraine hat das Thema Energiepreise durchgeschüttelt. Ein Krieg ist viel schlimmer als Frust.

PHILIP ELSEN

And you better start »frusten«, or you'll sink like a stone for the times they are a-changin'

Okay, ich gebe zu, dass diese Überschrift etwas gewollt rüberkommt, aber egal – und sorry Bob Dylan! Irgendwie schwirrte diese abgewandelte Songzeile sofort durch meinem Kopf, als ich die Einladung zu diesem Text über den Umgang mit Frustration, Barrieren, Hindernissen und gefühlter Aussichtslosigkeit in der Schule und in meinem Beruf als Lehrer bekam. Nicht leicht, hier die richtigen Worte zu finden, den richtigen Sound.

Worüber schreiben, wo ist der Spin meines Textes? Ich hadere und schon kommt der erste Frust. Egal, ich rocke diesen Text erst einmal runter. Scheitern als Chance betrachten und nur keine Angst haben, das predige ich doch meinen Schülerinnen und Schülern. »Mut, alter Pauker«, sage ich mir. Als Lehrer in Berlin und erst recht nach diesen elenden Corona-Jahren in der Schule, im Homeschooling und im Hybriden dazwischen, bin ich doch gefühlt schon so eine Art Frustprofi.

Die Fähigkeiten Resilienz, Ambiguitätstoleranz und emotionaler Intelligenz sind wichtig und leider in vielen Debatten über die Zukunftsfähigkeit von Schulen sträflich vergessen, was mir als Lehrer immer wieder auffällt. Dazu kommen konkrete Erfahrungen und Strategien aus meinem Schulalltag – wenn man so will, meine »Geschichten der positiven Frustumarmung«, wie die Zeitschrift *Brigitte* mal schön kitschig titelte.

Vorab zum Umgang mit dem Thema »zukunftsfähige Bildung« in

der öffentlichen Debatte und Wahrnehmung. Hier muss ich jetzt eben auch mal Frust rauslassen. Das soll ja bekanntlich auch als Coping-Strategie helfen, gegen den kleinen, privilegierten Frust am Rande. Kräftiges Fluchen kann unsere Schmerz- und Frustrationstoleranz um ein Drittel erhöhen – und damit Schmerz und Stress subjektiv lindern. Sehr schön haben das R. Stephens und O. Robertson von der britischen Keele University untersucht. Versuchspersonen mussten eine Hand in ein Eisbad halten, während sie eines der bekannten Fluchworte oder aber ein neutrales Wort wiederholten. Und siehe da, herzhaftes Fluchen mit dem klassischen »Fuck« zeigt frustlindernde Wirkung. Das weiß auch der Volksmund: »Lecks misch am Arsch, Marie!«, möchte man rufen. Der Niederrheiner und Bob Dylan liegen richtig. »You better start frusten, or you'll sink like a stone.«

Gesittet weiter zum Lehrerfrust. Den verspüre ich, wenn der Anschein erweckt werden soll, das drängendste Problem deutscher Schulen bestünde darin, nicht ausreichend Tablets und andere Devices in Schülerhand zu haben. Als könnten allein durch neue *MacBooks* oder neue Tablets, neues technisches Know-how (eben nicht Know-why!) Schülerinnen und Schüler fit für ihre Zukunft und die Arbeitswelt gemacht werden. Als ließen sich quasi und by the way allein durch Mausklick und Digitalpakt die durch die Pandemie verschärften mangelnden Bildungschancen des sozial benachteiligten Drittels der jungen Schülergeneration beheben. Jener Gruppe von jungen Menschen, die aus nichtprivilegierten Elternhäusern stammen und von denen der Soziologe Aladin El-Mafaalani sagt, dass es ihnen schwerfallen werde, in Zukunft überhaupt einen respektablen Platz in der Gesellschaft zu finden.

Bildungspolitik müsste endlich viel struktureller und umfassender betrachtet werden. Die Milieuabhängigkeit von schulischem und beruflichem Erfolg ist doch längst eine Binse. Aber die Probleme werden auf die Pädagog*innen abgewälzt, die Familien viel zu wenig unterstützt, dagegen der Glaube an die Lösung der Probleme durch eine Verbesserung der digitalen Ausstattung von Schulen lauthals verkündet.

»Digitalisierung first, Bedenken second!« ist in etwa der Soundtrack der FDP dazu. Das ist einer der Bullshit-Highlights unter den PR-Slogans der letzten Wahlkämpfe dazu, der aber leider im Kern immer noch von zu vielen Akteur*innen, die oftmals noch nie etwas mit Bildung außer ihrer eigenen Schulzeit zu tun hatten, mantramäßig vor sich hergetragen wird. Und zur Belohnung kommt die neue Bildungsministerin auch von der FDP. Yeah! Dreams are their reality. Finde den Fehler.

Aber auch hier gilt: Fair bleiben und sehen, wie sie sich entwickelt. Immerhin haben wir es geschafft, während der pandemischen Lage noch ein Minimum an Unterricht über digitalisierte Wege hinzukriegen. Aber wollen wir das so auch in Zukunft weitertreiben? Ich antworte darauf klar mit »Nein«, denn Unterricht gründet auf Beziehung und Dialog zwischen der Lehrerin oder dem Lehrer und deren Gegenüber, den Schülerinnen und Schülern. Technik, Digitalisierung können da Hilfen sein, sind auch nicht mehr wegzudenken. Aber Aufgabe der Schulen ist es, Jugendliche diesen Medien nicht auszuliefern, sondern sie zu schulen, damit mündig, das heißt kritisch, umgehen zu lernen.

Im Jahr 2005 hat der amerikanische Autor David Foster Wallace in Ohio vor Absolvent*innen eines Colleges eine tolle Abschlussrede gehalten, die die wesentlichen Aspekte dessen anspricht, um die es heute gehen sollte, wenn von »Bildung« die Rede ist.

Er spricht, anders als die sonst oftmals so optimistischen und mit Pathos und Plattitüden gefüllten Reden, über die Mühen und frustrierenden Routinen des ganz normalen Erwachsenenlebens, die nervigen Mitmenschen, den stetigen Kampf um Selbstoptimierung, Geld, Macht, Noten und Anerkennung. Er sagt, wie wichtig es sei, sich dabei die Freiheit des Denkens und des bewussten empathischen Wahrnehmens zu bewahren und zugleich weiterhin neugierig zu bleiben. Jeder habe die Möglichkeit, das Privileg, sich gegen eigene Vorurteile und persönliche Standard-Konfigurationen zu entscheiden – eine unglaublich wirksame Chance für den Umgang mit Frustrationssituationen.

Und genau das ist unsere Freiheit, die wir erfahren können, wenn wir uns konstruktiv und kreativ dem Frust widersetzen. Wir sind eben keine Hühner im Stall, die immer glauben, es ginge ihnen gut, weil sie jeden Tag gefüttert werden – instinktgeleitet landen sie im Kochtopf.

Wissen professionell vermitteln, dabei sicher Digitalisierung nutzen, aber immer wieder neu Mut machen, neue Fragen und neues Denken zu wagen, ist die Aufgabe von Pädagog*innen. Besonders in diesen unsicheren Zeiten des Wandels.

Das ist nie einfach, aber für junge Menschen nur dann nachvollziehbar, wenn auch die Lehrerin, der Lehrer vorleben, dass sie sich in diesem Prozess auch auf dem Weg befinden, der für sie ein Wagnis darstellt. Nur Pädagog*innen, die wissen, dass sie nie fertig sind, die diesen »Frust« ertragen und gerade daraus Kraft schöpfen, können ihren Schülerinnen und Schülern im klassischen Sinne des Wortes »Vorbilder« sein.

So wie man die Dinge betrachtet, so blicken sie auf einen zurück. Dazu gehört auch entscheidend der Perspektivwechsel und so gilt abschließend Folgendes: Das beste Mittel für Pädagog*innen, sich gegen den »Frust« und die damit einhergehende Resignation zu wappnen, ist die tief verwurzelte Hoffnung in die Lern- und Einsichtsfähigkeit ihrer Schülerinnen und Schüler, die dann in deren späteren Leben positive Früchte trägt.

CLAUDIA LANGER

WARNUNG! Aktivismus kann süchtig machen und gefährdet das Privatleben!

Liebe Leserin, lieber Leser, alles was ich Ihnen hier sage, ist genauso wahr wie das Gegenteil. Womit fangen wir also an? Am besten damit, dass man kaum noch ein Ende findet, wenn man erst einmal angefangen hat.

Wer sich – wie ich selbst und die anderen Akteur*innen in diesem Buch – dem Kampf gegen den Lauf der Welt, des Klimawandels, der Menschenrechte, der Generationengerechtigkeit, die Auswüchse des Kapitalismus, den Hunger am Ende der Welt oder anderen Mammutaufgaben verschrieben hat, der hat eigentlich nie mehr Feierabend.

Das war die schockierende Erfahrung, als ich zuerst mit *Utopia.de* und dann mit der *Generationen Stiftung* all mein Wissen und all mein Können in die Bewahrung der best-noch-möglichen Zukunft für unsere Kinder und Kindeskinder in die Waagschale geworfen habe.

Ich habe mich für die Zukunft kommender Generationen eingesetzt, also auch für die Zukunft meiner eigenen Kinder, und hatte trotzdem immer das Gefühl, dass ich nicht genug tue, und häufig ein schlechtes Gewissen, wenn gerade wieder etwas Großes passierte, und ich für uns lediglich das Abendessen kochte und eine Pause einlegte.

Dann habe ich die Kinder ins Bett gebracht, mich sofort wieder an den Laptop gesetzt, die Nacht zum Tag gemacht und mich trotz Schlafmangel gefragt: Habe ich wirklich genug getan?

Habe ich alles in meinen Möglichkeiten Stehende getan? Das schlechte Gewissen als kritische innere Stimme war auch bei höchster Erschöpfung immer dabei.

Werde ich mich jemals abends in den Sessel fallen lassen können in der beruhigenden Gewissheit, dass ich mein Tagessoll erreicht habe und dass ich mit irgendwas fertig geworden bin?

Ich habe immer auf diesen erlösenden Moment gewartet, wo sich der Frieden des erledigten Tagwerks einstellt. Ich habe ihn bis heute nicht erlebt.

Leidenschaft und »Purpose« lassen sich verdammt schwer in einen zeitlichen Rahmen pressen, es gäbe ja immer noch mehr zu tun, immer noch mehr zu bewegen, immer noch mehr zu vernetzen ... Das zehrt.

Ich habe in den letzten 16 Jahren meines Einsatzes für mehr Generationengerechtigkeit unendlich viel Kraft investiert und viele persönliche Krisen erlebt. Wer sich permanent den erschreckenden Zukunftsaussichten aussetzt, dessen Seele bleibt nicht ohne Flecken und der Energiehaushalt nicht ohne scharfe Kurven nach unten.

Ich habe Aktivist*innen und Wissenschaftler*innen weinen und in tiefen Burnouts verschwinden sehen. Und ich habe erlebt, wie schwer sie an dem Schuldgefühl oder Selbstzweifel tragen, dass sie mit all ihrem Wissen politisch nicht mehr erreichen konnten.

Als ich selbst in Gefahr war, in ein Burnout zu rutschen, schrieb mir ein sehr bekannter Wissenschaftler: »Aus Ihrer E-Mail kann man eine recht große Traurigkeit herauslesen, die auch mir nicht fremd ist.« Diese zutiefst menschliche Reaktion war wie ein warmer Mantel für mich und gleichzeitig ein Warnsignal, dass ich auf mich aufpassen musste; auch im Interesse meiner Kinder.

Die Sorgen hatten begonnen, mich aufzufressen. Die Angst um die Zukunft raubte mir den Schlaf und ich wurde immer ernster und ungeduldiger. Ein Schatten begann sich über mich zu legen: Der Klimawandel, verhungernde Kinder, ertrinkende Menschen im Mittelmeer und so viel mehr raste mir immer häufiger beim Einschlafen durch den Kopf. Nicht gut.

Ich habe das große Glück, dass ich drei sehr lebendige Kinder habe, die verhindert haben, dass ich mich in die Höhle des Unglücks zurückziehe, und mich mit ihren Anliegen, ihrer Energie und ihrem Lachen auf dem Boden gehalten haben. Danke dafür!

Denn für keinen Kampf für die Zukunft meiner Kinder hätte ich die Gegenwart mit ihnen verpassen wollen. Leicht war das nicht immer, denn die Not überall will sich immer dazwischendrängeln und das Neinsagen will erst einmal gelernt sein.

Ganz am Anfang meiner Arbeit hatte mir darum eine ältere Kollegin und Mitstreiterin tief in die übermüdeten Augen geguckt und gesagt: »Pass gut auf dich auf!«

Dann erzählte sie mir von einer Bürgerrechtsaktivistin in den Südstaaten, die ihre Gleichgesinnten darauf einschwor, im Interesse ihres Kräftehaushalts niemals zu vergessen, zu tanzen. Denn es geht bei unserem Einsatz ja häufig um nicht mehr und nicht weniger als Überlebensstrategien, vor allem das Überleben der seelischen Gesundheit.

Für meine eigene seelische Gesundheit brauchte es zuerst einige Erlaubnisse:

· Die Erlaubnis, eine Pause zu machen.
· Die Erlaubnis, Spaß zu haben, angesichts des Leides dieser Welt.
· Die Erlaubnis, zu lachen, auch wenn die Weltlage deprimierend war.
· Die Erlaubnis, zu essen, auch wenn ich gerade Bilder von verhungernden Kindern gesehen hatte.
· Die Erlaubnis, übermütig zu sein und für Stunden alles andere auszublenden.
· Die Erlaubnis, schwimmen zu gehen, obwohl ich wusste, dass gerade Menschen im Mittelmeer ertrinken.
· Die Erlaubnis, zu spielen, auch wenn die Betroffenheit mir die Kehle zuschnüren wollte.

Es hat lange gedauert, bis ich mir das ab und zu erlauben konnte. Das protestantische Verantwortungsgefühl sitzt tief. Doch es wird besser. Eine perfekte Life-Work-Balance habe ich nicht gefunden, dafür ist meine Frust-Lust-Balance auf einem immer besseren Weg.

Wer sich politisch, sozial oder auf anderen Gebieten engagiert, wird für sich einen Weg finden müssen, um sich des Lebens zu freuen, denn nur dann macht unser Einsatz überhaupt Sinn.

Auf meinem Weg zu Lust trotz Frust haben sich die folgenden kleinen »Hausmittelchen« sehr bewährt:

Gummistiefel

Nichts hilft mir so, meinen Kopf leer zu bekommen, wie körperliche Arbeit und alles Erdige im Garten. Wer sich hauptberuflich mit düsteren Untergangsszenarien beschäftigt, dem kann es Seelenbalsam sein, etwas zu pflanzen und wachsen zu sehen. Aufbau statt Abbau. Wachstum mal positiv. Regeneration statt Degeneration.

Und bei all der Hybris und Anmaßung, die uns denken lässt, wir könnten einen Unterschied machen, bringt die Lektion, dass schon eine kleine Larve den ganzen Aufwand eines Sommers zerstören kann, schnell wieder auf den Teppich.

Demut hilft immer. Im Garten bekommst du deine tägliche Dosis. Unerbittlich.

Freundschaften

Lange habe ich mir zu wenig Zeit für Freizeit und Freund*innen genommen. Ich hatte schon genug zu tun, um Engagement und Familie unter einen Hut zu bekommen und wollte für meine – damals noch kleinen Kinder – da sein.

Das war richtig, aber nicht genug. Könnte ich die Uhr zurückdrehen, dann hätte ich mir viel mehr Zeit für Freundschaften genommen, und ich freue mich sehr, das jetzt tun zu können. Am Lagerfeuer im Sommer, bei Gesprächen und Umarmungen, beim gemeinsamen Essen: Da tanke ich auf.

Tanzen ist immer eine gute Idee!

Das kleine Buch meiner Kollegin, das mir die große Einladung ausgesprochen hat, heißt »Dance first. Think later« von Kathryn und Ross Petras (2011).

Vergesst die Liebe nicht!

Das Engagement gegen Großprobleme ist die reinste Sisyphusarbeit und Erfolgserlebnisse so selten. Oder wer hatte zum Beispiel schon ein nachhaltiges Erfolgserlebnis im Kampf gegen den Klimawandel?

Ich kenne viele Aktivist*innen, die vor allem im fortgeschrittenen Alter darüber verbittern oder zynisch werden, dass sie so wenig erreicht haben, oder sich trotz des hohen Einsatzes sogar als gescheitert empfinden. Man kann es manchmal als Spur in ihren Gesichtern lesen. Dann ist das tragisch. Ich habe mich auch in schwersten Stunden immer versucht, an die Liebe zu halten. Denn:

Was wir tun, tun wir aus Liebe.

Aus Liebe zu anderen.

Aus Liebe zur Natur.

Aus Liebe zu unseren Kindern.

Aus Liebe zu den Kindern ganz woanders.

Mit der Selbstliebe sieht es da schon anders aus, da gibt es unter Aktivist*innen manchmal zu wenig. But: Love conquers all.

Purzelbäume

Purzelbäume, Backblechrodeln oder all das, was so verrückt ist, dass man sich noch wochenlang mit einem wohligen Schauer und einem feisten Grinsen daran erinnert, ist die beste Medizin gegen Aktivist*innentrübsinn.

Bei mir war es letztes Jahr mitten im Lockdown, als ich das Backblechrodeln als größtmöglichen Ausbruch aus Angst und Schrecken entdeckt habe. Das größte kindliche Vergnügen seit langem. Es hatte geschneit und es gab keine Schlitten. Was für eine verrückte Idee, mit Vollgas von einem Berliner Hügel ins Tal zu sausen und das ohne nennenswerte Kontrolle über die Fahrtrichtung!

Warum ich das alles gebetsmühlenartig erzähle?

Weil es mich Jahre gekostet hat, bis ich mir erlauben konnte, Platz zu machen für all das, was die Kraft hat, das Leid der Welt oder die eigene Sorge für ein paar Stunden oder Tage auszublenden. Viele Aktivist*innen vergessen es, dass es das gibt. Ja, und irgendwie muss auch ich mich selbst immer wieder daran erinnern.

Unglück macht die Welt nicht besser, darum: *Vergesst das Tanzen nicht!*

PS: Zugegeben, es gibt trotzdem Tage und Ereignisse, die so schlimm sind, dass eigentlich gar nichts mehr hilft, dann bleibt nur Schnaps! Das ist nicht ganz ernst gemeint, oder doch? An manchen Frustabenden haben wir uns eine Flasche aufgemacht. Zugegeben eher Wein als Schnaps, aber auch das hat geholfen, wenn es uns angesichts der Weltlage den Magen umgedreht hat.

MARC WAGNER

Wieso tue ich mir das an?

Diese Frage habe ich mir in letzter Zeit oft gestellt. Angefangen hat alles zu Beginn der Corona-Pandemie. Die Welt stand auf einmal still. Nichts drehte und bewegte sich mehr. Bis dahin getrieben von der ständigen Raserei des Alltags und dem eigenen Anspruch, immer leistungsfähiger und besser zu werden, kam es zur Vollbremsung. Ab hier schien sich alles nur noch im Zeitraffer abzuspielen. Was vor ein paar Tagen noch selbstverständlich wirkte, war auf einmal nicht mehr wichtig. Das Virus, ein Schreckgespenst aus den Nachrichten, unsichtbar und nicht greifbar. Der erste Lockdown wirkte zunächst wie eine staatlich verordnete Entschleunigung. Endlich einmal Zeit zum Durchatmen, zum Zur-Ruhe-Kommen und zum Ordnen der eigenen Gedanken. Doch die Zeit des Nachdenkens dauerte an und mir wurde zum ersten Mal in meinem Leben bewusst, wie zerbrechlich und verletzlich unsere Welt ist.

In mir reifte die Erkenntnis und das große Bedürfnis, etwas zu verändern. Nicht nur für mich, auch für andere und vor allem für die Zukunft nachfolgender Generationen – die Generation meiner Tochter. Es darf so nicht weitergehen! Ein Leben, wie ich es bisher kannte und wofür ich gearbeitet habe, fiel wie ein Kartenhaus in sich zusammen. Das ist die bittere Wahrheit!

Aber was kann man als Einzelne*r schon bewirken? Klar, weniger Plastik ist großartig, weniger konsumieren auch, sich in entsprechenden Vereinen engagieren vielleicht sogar selbstverständlich. Das Auto stehen lassen, logo. Aber reicht das?

Es reicht nicht. Es ist an der Zeit, aktiv zu werden und Generationengerechtigkeit einzufordern! Ich wollte aktiv werden, um eine viel zu träge Gesellschaft und mein direktes Umfeld zu notwendigem Handeln aufzufordern. Leider wurde mir schnell klar, dass es nur wenige gibt, die diese Erkenntnis teilen und zu notwendigen Schritten bereit sind. So habe ich beispielsweise im letzten Jahr unserem Bürgermeister der Gemeinde Schiffweiler eine E-Mail geschrieben und ihm von meinen Aktivitäten in Sachen Klimaschutz berichtet. Darin stand beispielsweise, dass ich durch radikale Veränderungen in meiner Mobilität, durch konsequenten Konsumverzicht, durch den Wechsel zu einem Ökostromanbieter und die Mitgliedschaft bei *3 fürs Klima*, meinen CO_2-Fußabdruck von elf Tonnen auf null reduziert habe. Somit bin ich der erste klimaneutrale Bürger der Gemeinde und habe mich schon auf der Titelseite des Gemeindeblattes gesehen. Ich vermute, der Bürgermeister war davon so irritiert, dass er nicht antworten konnte. Aber im Ernst: Ich weiß nicht, ob ich – angesichts der bedrohlichen klimatischen Lage – über so viel Desinteresse enttäuscht oder geschockt sein sollte.

Wenn eine kleine Gemeinde oder jede*r Einzelne nicht bereit ist, klimaneutral zu werden, wie soll es dann ein ganzes Land schaffen? Aber so ist es wohl in den meisten Fällen, entweder sie haben nichts dazu zu sagen oder winden sich in Ausreden. Nur die wenigsten haben Lust ihre ach so schön eingerichtete Komfortzone zu verlassen. Diejenigen, die den Status Quo verlassen und sich und ihre Mitwelt kritisch reflektieren, sogenannte Aktivist*innen, sind eine Minderheit oder sogar Einzelgänger*innen. Sie stören den Alltagsfrieden und ihr Handeln entspricht nicht den gesellschaftlichen Erwartungen. Sie sind Sonderlinge und erinnern ihr Umfeld ständig daran, dass sich was ändern muss. Wer, wie ich, nie ein wirklicher Außenseiter war, muss erstmals damit klarkommen, sich nicht nur Freunde zu machen, wenn man Generationengerechtigkeit einfordert. Es ist eine Rolle, die man aushalten muss. Trotzdem war es wohl noch nie so angesehen wie jetzt, Klimaneutralität einzufordern. Wie muss es all jenen ergangen sein, die sich schon vor Jahrzehnten für Klimaschutz eingesetzt haben, als die Dringlichkeit noch weit entfernt schien? Statt die frühen Erkenntnisse der Wissenschaft und Aktivist*innen ernst zu nehmen und zu handeln, gab es nur Hohn und Spott. Abgestempelt als Idioten, die nicht alle Latten am Zaun haben. Birkenstock tragende Ökofuzzis mit selbstgestricktem Wollpullover. Oder ganz aktuell beobachtet bei den Anfängen von *Fridays for Future*. Statt hellhörig zu werden und genau hinzusehen, gab es verbale Prügel aus der Bevölkerung und sogar aus der Politik: »Die sollen doch erst mal brav zur Schule gehen und was leisten, bevor sie absurde Forderungen stellen.« Wenn es so was wie »Fremdschämen« gibt, dann traf es hier für mich zu. Ich schäme mich für Leute meiner und älterer Generationen, für deren Arroganz und Ignoranz. Ich denke vielmehr, was diese jungen Menschen für eine innere Stärke besitzen müssen, wenn sie sich seit mehreren Jahren, Woche für Woche, für eine lebenswerte Zukunft für uns alle einsetzen. Eine junge Generation, die bereit ist, ihre Partyjahre hintenanzustellen, weil Klima nun mal wichtiger ist. Ich finde es so wahnsinnig beeindruckend, wenn sie sich unbeirrt allen möglichen Medienformaten stellen und »die große Politik« mit Argumenten an die Wand nageln. Hoffentlich halten sie noch lange durch. Sie geben Hoffnung.

Ich habe dies auch in meinem eigenen Umfeld versucht, so nach dem Handabdruckprinzip von *3 fürs Klima*: »Nimm andere auf dem Weg in eine klimaneutrale Gesellschaft mit und multipliziere deinen Einfluss damit um ein Vielfaches.« Ich habe versucht, mir die notwendige Rhetorik der »Profi-Aktivist*innen« aus TV, Zeitungen oder Büchern anzueignen. Ich habe mir schlüssige Argumente und deren Gegenargumente verinnerlicht und zurechtgelegt, um Themen wie beispielsweise die Verkehrswende oder den Klimaschutz zu diskutieren. Vielleicht naiv. Denn den Shitstorm, der teilweise auf mich einbrach, hatte ich so nicht erwartet. Mich ließ diese Erfahrung jedenfalls für eine Zeitlang verstummen. Aber Aufgeben kommt nicht in Frage.

Denn wie kann es sein, dass Menschen ihre Existenz oder sogar ihr Leben an die Flut verlieren, Opfer der vom Menschen gemachten Klimaveränderung werden und wir diskutieren, ob ein E-Auto unter 600 Kilometern Reichweite Sinn ergibt oder nicht. Hier versagt meiner Meinung nach neben Politik und Medien auch der gesunde Menschenverstand und die Menschlichkeit. Es ist zum Verzweifeln, es macht mich fertig, und je mehr Bücher, Zeitungsberichte ich über Klimawandel und seine Folgen lese, je mehr ich mich damit beschäftige, desto schlimmer wird es. Man beginnt, sich persönlich dafür verantwortlich zu machen, und versucht, mit allen möglichen Mitteln dagegen anzukämpfen, um dieses erdrückende Gefühl wieder loszuwerden.

Eigentlich komme ich mir vor wie John Coffey aus dem Film »The Green Mile«, der alles Leid und jeden Schmerz in sich aufsaugen konnte, um damit anderen zu helfen. Aber wer hat schon diese übernatürliche Gabe? Und auch der Satz »Die Verzweiflung des Wissenden« beschreibt das Gefühl sehr treffend. Aber wie kann es mir gelingen, das richtige Maß für mich selbst, andere und die eigene Familie festzulegen? Ein Maß, das genug notwendige Veränderung zulässt, weiter Handlungsfähigkeit erlaubt, einen aber nicht frustriert aufgeben lässt.

In einem Buch von Harald Welzer (Welzer 2013), habe ich einen Satz gelesen, der mir innere Stabilität gegeben und mir sehr geholfen hat, die Dinge wieder mit der nötigen Distanz zu betrachten. Dieser lautete sinngemäß:

»Niemand hat den Auftrag, die Welt allein zu retten.« Ich will nicht aufgeben, Dinge zu verändern und aktiv zu handeln. Im Gegenteil. Ich werde es nur anders angehen.

So will oder muss ich niemanden mehr überzeugen, dass Autofahren scheiße ist. Ich fahre einfach kein Auto mehr. Es fällt auf, wenn jemand hierzulande täglich mit dem Rad, noch dazu mit einem unüblichen Lastenrad unterwegs ist. Hier kann ich es genießen, anders zu sein; ich bin ein Außenseiter. Es macht mir irre viel Spaß, so unterwegs zu sein, und die Leute sollen sich selbst ihre Gedanken machen. Und das Wetter kann noch so beschissen sein, ich fahre stets mit einem breiten Lächeln durch die Gegend.

Beim Stadtradeln 2021 – Radeln für ein gutes Klima – gelang es durch gezieltes Werben innerhalb der Gemeinde Illingen, die Teilnehmerzahl von bisher drei auf knapp 100 zu erhöhen und somit auch die gesammelten Kilometer von 500 auf 32 000 Kilometer zu steigern. 32 000 Kilometer für ein besseres Klima und die notwendige Verkehrswende. Kurzum, es war ein Erfolg!

Letztes Jahr habe ich meinen Rasentraktor verkauft, mit dem ich jahrelang meine 2 000 Quadratmeter große Wiese gemäht habe, und beschloss, diese zukünftig mit einer Sense zu mähen und auch sonst völlig auf benzinbetriebene Helfer zu verzichten. Diese Geschichte hat sich bereits über die Grundstücksgrenze hinaus rumgesprochen und es wird im neuen Jahr mit Hilfe des *Naturschutzbundes* ein kleines Projekt geben. In Form eines Sensenkurses wollen wir Leuten diese uralte, CO_2-neutrale und geräuschlose Technik des Mähens wieder näherbringen.

Ich will damit sagen, dass es wohl auch die kleinen Geschichten des Gelingens sind, die einem wieder Mut machen und die nötige Zuversicht für die Zukunft geben. Sie machen für mich den Unterschied und geben mir das Gefühl, etwas Sinnvolles und Nützliches beizutragen, ohne mich selbst dabei zu überfordern. Mir ist bewusst, dass diese kleinen Geschichten gemessen an den gigantischen Herausforderungen vermutlich lächerlich wirken. Aber es sind *meine* Geschichten und es fühlt sich gut und richtig an. Und wer weiß, vielleicht entsteht ja gerade aus den vielen kleinen Dingen einmal eine große Erzählung von vielen einzelnen »Sonderlingen«, die überall auf der Welt durch ihren unermüdlichen, selbstlosen Einsatz für eine lebenswerte und gerechte Zukunft eintraten.

DONIA HAMDAMI

Spiegel. Der Mensch im Widerschein

Zeitlebens habe ich leidenschaftlich im Team gearbeitet, doch dabei gleichwohl auch das Phänomen des kollektiven Frusts ausgekundschaftet. Weitergeführt habe ich meine »Forschungen« mit Studierenden im Hasso Plattner Institut, School of Design Thinking. Heute kann ich sagen, dass sich bei mir ein skurriles Steckenpferd herausgebildet hat: Teamfrust.

Daher möchte ich den Leser*innen ein handfestes Reflexionsspiel vorstellen, wie man bei kollektivem Frust wieder Nähe herstellen kann. Mein Titel ist der beeindruckenden Ausstellung »Spiegel. Der Mensch im Widerschein« des Züricher Museums Rietberg (2019) entliehen. Doch weshalb kann ein Spiegel bei Teamfrust helfen? Bei beidem geht es um Selbsterkenntnis, Eitelkeit und Weisheit, um Schönheit sowie Mystik und Magie.

Das Spiegel-Spielen hilft mit Komik und Bewegung, sich auf die anderen einzulassen. Stilles Beobachten trägt dazu bei, aus eingefahrenen Perspektiven und Situationen zu kommen. Ärger, Empörung, negative Gefühle werden sportlich beiseitegeschoben und lassen nach der Performance mit neuer Erkenntnis über sich selbst und andere das Gemeinsame wieder aufnehmen. Rollen und konventionelle Muster werden neu definiert. Am schönsten ist, dass man sich nicht mehr ganz so ernst nimmt, und das langanhaltende Grinsen in den Gesichtern!

Spielregeln:
Zwei bis unendlich viele Teilnehmer*innen.
Es darf nicht miteinander gesprochen werden!
Dafür darf uneingeschränkt gelacht und gelächelt werden: über sich selbst, über das Gegenüber, über alle anderen.

So wird es gemacht:
- Man stellt sich paarweise gegenüber.
- Jedes Paar fängt für sich an, die Partner*in zu beobachten und sich Bewegungen vorzumachen. Das Gegenüber versucht diese Bewegungen nachzumachen bzw. diese Bewegung zu spiegeln. Werdet synchron!
- Die Herausforderung: Es wird nicht mündlich verabredet, wer wann folgt und wer wann führt. Aber jede Person soll mindestens einmal führen und einmal folgen!!!
- Die Bewegungen können klein, groß, schnell oder langsam sein. Völlig frei. Jede winzige Bewegung hat eine eigene Qualität.
- Wechsel von Führen und Folgen sollen lautlos erfolgen, selten oder oft steht frei. Gerne öfter mal die Rollen tauschen!!! (Achtung, siehe Regel oben: Es darf nicht gesprochen werden.)
- Sind mehr als zwei Personen beteiligt, können die Partner-Konstellationen nach circa 4 Minuten getauscht werden. Mit jede*m/r neuen Partner*in entstehen einzigartige Dynamiken.
- Am Ende der Übung reflektiert man gemeinsam das Erlebte und das Empfundene.

Fragen könnten sein:
Was wurde gefühlt?
Was ist schwergefallen und warum?
Was ist leichtgefallen und warum?
Was war überraschend?
Wie wurde der Wechsel zwischen Folgen und Führen erlebt?
Welche Erkenntnisse können in das gemeinsame Arbeiten übernommen werden, um neu weiterzumachen?

Als Schlusswort nutze ich die Gelegenheit, meine Lieblingsstelle aus dem sinnhaften Theaterstück »Kunst« von der großartigen Yasmina Reza (1996) zu zitieren:

»Wenn ich ich bin, weil ich ich bin, und wenn du du bist, weil du du bist, bin ich ich und du bist du. Wenn ich hingegen ich bin, weil du du bist, und wenn du du bist, weil ich ich bin, dann bin ich nicht ich und du bist nicht du.«

Wasser

Ich kriege ziemlich vieles im Leben nicht hin und deshalb bin ich zuweilen frustriert. Oder enttäuscht. Oder wütend auf mich. Fast immer hilft dagegen Wasser. Manchmal auch nicht, aber doch recht oft.

Doch der Reihe nach, es gibt verschiedene Stufen von »nicht hinkriegen«. Die Ebenen, auf denen ich etwas »nicht hinkriege«, sind vielschichtig. Die Form des Scheiterns, über die ich am leichtesten sprechen kann, ist das Scheitern eines konkreten Vorhabens. Meistens sind es banale Gründe, warum etwas nicht klappt. Ich finde für ein Projekt nicht die richtigen Kooperationspartner*innen oder niemand gibt das Geld, mit dem das Vorhaben umgesetzt werden kann. Diese Erfahrung ist deshalb so frustrierend, weil neben der guten Absicht, mit der ich ein Projekt beginne, vor dem Scheitern meistens viel Zeit, Energie, Arbeit in das Vorantreiben der Idee geflossen sind. Ein Projekt scheitert ja nicht sofort.

Dann also aufstehen, Mund abwischen, weitermachen. Das gilt übrigens auch dann, wenn nicht der Unwille anderer, sondern die eigene Unfähigkeit Ursache des Scheiterns ist. Weil die Idee nicht gut genug durchdacht ist, ich nicht genügend Zeit investiert habe oder einfach nicht intelligent oder fokussiert genug bin, um die Fragestellung zu durchdringen. In beiden Fällen gilt: Die Idee, das Vorhaben wird weiterentwickelt, mit anderen, die schlauer, schneller, kommunikativer sind als ich. Und irgendwann, irgendwo und irgendwie wird es schon was.

Das war die einfache Übung, sie heißt letztlich: nicht aufgeben. Jedes Scheitern ist nur ein Zwischenschritt auf dem Weg zum Ziel. Ein positiver Trotzkopf sein. Jetzt erst recht. Weitermachen.

Schwieriger ist es bei der nächsten Stufe des Scheiterns. Alles klappt, aber es kommt nichts bei raus. Die erwartete Wirkung bleibt aus. Das zu verarbeiten ist schwieriger. Man hat Erwartungen geweckt, bei sich selbst, bei anderen, und sie enttäuscht. Jedes Vorhaben ist auch ein Versprechen, das man anderen gibt und das man, wenn der erwünschte Erfolg ausbleibt, unbeabsichtigt, aber nicht immer unverschuldet, bricht.

Der Haken ist dabei das Streben nach Erfolg. Ich bin im Streben nach Erfolg sozialisiert und weiß gleichzeitig, dass daran die ganze Welt krankt. Ich habe deshalb versucht, ein Theoriemodell der Folgenlosigkeit zu entwickeln, womit ich – zumindest das ist stringent – bislang relativ folgenlos geblieben bin. Kern dieses Theoriemodells (wenn man es so nennen darf) ist, statt nach Folgen (also nach dem, was nachhält) nach Folgenlosigkeit zu streben. Das hilft manchmal, der eigenen Wirkungs- und Folgenlosigkeit etwas Positives abzugewinnen. Das also ist die schwierige Übung: die eigene Sozialisierung zu überwinden, das Scheitern nicht als Versagen, sondern als Teil eines Prozesses zu verstehen, zudem das eigene Bemühen auch dann etwas beiträgt, wenn es, ja, weil es nicht gelingt.

Die nächste, ganz fundamentale Stufe meines Scheiterns ist eine persönliche. Mein alltägliches Handeln korreliert nicht mit meinem Denken. Ich bin in meinem Handeln in Sozialisierungsmustern zu fest verankert: sie verhindern, so zu leben, wie ich es aus theoretischer Perspektive richtig finde. Um ein paar Beispiele zu nennen: Ich verfüge über Privatbesitz, ich beheize mehr Wohnfläche als aus Klimaperspektive sinnvoll ist, und manchmal fahre ich Auto oder fliege sogar.

Mit diesem permanenten Widerspruch umzugehen, finde ich – emotional – das Schwierigste. Es liegt nur an mir, an einem Teil von mir, der auch meine Identität ausmacht. Es ist das Wesen der Transformationsgesellschaft, dass sie mit einem Bein in der zu überwindenden Vergangenheit steht und mit dem anderen versucht, in der besseren Zukunft zu tanzen, also janusköpfig sowohl die Zukunft lebt als auch auf der Vergangenheit beruht. Das also ist die schwierigste Übung: Demut entwickeln, sich in seiner Unvollkommenheit anzunehmen.

Bei allen drei Übungen hilft mir Wasser. So oft ich kann, gehe ich schwimmen, nicht ins Schwimmbad, sondern draußen.

Das warme Wasser des Sommers ist eine Heimat. Es trägt, es umhüllt, jede Zelle des Körpers scheint sich zurückzuerinnern an die Ursuppe, aus der wir stammen. Die Strömung treibt einen fort, die Wellen heben einen auf und ab. Ganz unmittelbar spürt man, dass man nicht nur Mensch ist, sondern Teil eines planetaren und kosmischen Gefüges. Ein Moment der Auflösung, in dem das eigene Ich, das Ego, all die Prägungen, alles vermeintliche Scheitern und Gelingen keine Rolle mehr spielt. Der ungeschützte Körper geht in einem größeren Kreislauf, der Raum und Zeit überbrückt. Die eigene Unwichtigkeit sinnlich zu erfahren hat etwas unglaublich Befreiendes.

Das kalte Wasser des Winters ist das Gegenteil. Es ist feindlich, der Körper schreckt zurück, der Atem stockt. Es ist der Wille, der eigene Wille, der einen dennoch ins Wasser treibt. Die Haut beginnt zu brennen, die Kälte lässt mich meinen ganzen Körper spüren. Der Atem geht schnell, etwas, das nicht mein Wille, sondern ein anderer Teil meines Ichs ist, hat Angst, die den Atem in ein fast panisches Hecheln übergehen lässt, doch nach einigen Zügen wird er wieder ruhig. Friede breitet sich aus, ein kurzes Eins-sein mit dem kalten Wasser. Dann die Entscheidung, dass es genug ist, der richtige Moment, um aufzuhören, weil die Muskeln bald nicht mehr können. Anerkennung der eigenen Grenzen. Dann, wieder an Land, die große Entspannung, alles ist kalt und heiß zu gleich, Endorphine schießen durch den Körper, Glücksempfindung, Rausch.

Sowohl das warme als auch das kalte Wasser sind meine Heimat. Das Wasser erzählt mir, dass ich nicht allein bin, sondern Teil eines großen Ganzen. Das Wasser lehrt mich, dass es von woanders kommt und nach woanders fließt und mein Körper nur ein unendlich kurzer Berührungspunkt ist. Es wäscht meine Sorgen und Eitelkeiten, meine Wünsche und Ängste von mir ab. Es trägt und umhüllt mich, aber es ist kein Beschützer, sondern eine Entität jenseits meiner Sorgen, Wünsche und Bedürfnisse. Es wird immer stärker sein als ich.

Wenn ich niedergeschlagen bin, weil etwas nicht geklappt hat, wenn ich meine, gescheitert zu sein, mir alles sinnlos und vergeblich erscheint: dann suche ich das Wasser. Und kann danach wieder weitermachen.

JOY LOHMANN

EXPOnierte Kapitulation

Für eine Geschichte des Scheiterns hätte ich wohl eine ganze Kiste voller Situationen und Erfahrungen, die aus dem einen oder anderen Blickwinkel erzählenswert wären und stets ein Körnchen Erkenntnis enthalten.

Diese Erfahrungsschatzkiste hat sich in meiner mehr als 20 Jahre währenden Entwicklung des »Open-Island«-Projektes schwimmender modularer Recycling-Inseln gut gefüllt und ich schaue nicht oft oder gern hinein. Aber ich weiß sie wohl zu hüten und wenn manchmal eine aktuelle Situation mit einer früheren Erfahrung resoniert, dann kann ich darin gezielt nachschauen. Mein Archiv des Scheiterns ist sortiert nach drei Ursachen:

Erstens: Eigene Fehler und Fehleinschätzungen. Diese Schublade gehört mir allein und dient als persönliches Frühwarnsystem für mehr »Vorsicht«.

Zweitens: Hier finden sich komplexere Ursachen des gemeinsamen Scheiterns im Projektteam oder mit Partner*innen. Dabei haben stets alle Akteur*innen einen eigenen Anteil, der im gemeinsamen Scheitern kumuliert. Meist mangelte es hierbei an Kongruenz zwischen realistischer Wahrnehmung, individueller Erwartung und konkreter Handlung – von allen, auch mir selbst. Deshalb klebt an dieser Schublade das Etikett »Nachsicht«.

Drittens: Das ist die Abteilung externer Ereignisse, mit denen man dennoch ganz massiv zu tun bekommt, weil sich die Umgebungsrealität verändert. Dieser Erfahrungsschatz rät zur »Umsicht«, zum regelmäßigen Reality-Check, insbesondere vor anstehenden Entscheidungen.

Kurz gesagt kann man famos sowohl individuell als auch als Team und darüber hinaus scheitern. Besonders anfällig bin ich als Künstler mit der Mission, vermeintliche Missstände zu beleuchten, soziale Innovationen zu erforschen und grenzerweiternde Erlebnisse zu inszenieren.

Im Rahmen der »Open-Island«-Projektreihe hatten wir bereits mit Genehmigungsproblemen und Brandanschlägen zu kämpfen, erlebten Situationen des technischen Versagens mit katastrophalen Wirkungen, durchlitten Rangfolgekämpfe im Team, verzweifelten an der vorherrschenden Förderlogik und lernten kontinuierlich neue Kommunikationsprobleme kennen.

Aber ich möchte direkt vom Projektstart erzählen: Anlässlich der Weltausstellung *EXPO 2000* hatten wir eine 70 Quadratmeter große schwimmende Zukunftsinsel aus upgecyceltem Müll auf Hannovers zentralem Maschsee errichtet. Das unabhängige Kunstwerk »future-raft« war Mahnmal, Symbol und Diskussionsplattform für die Transformation der Gesellschaft zugleich. Die Themen des Klimawandels waren damals noch nicht sehr verbreitet, schon gar nicht in den Expo-Auftritten und -Repräsentationen der Nationen, Megafirmen und anderer Global Player dieser Millenniums-Zukunftsschau.

In diesem Umfeld erzeugte auch unsere kleine Kunstinstallation eine beachtliche Resonanz. Internationale Jugendgruppen diskutierten an Bord kontrovers die postulierten »Global Dialogues« der Weltausstellung. Kulturschaffende aus anderen Gegenden trafen sich zum Ideenaustausch in Wort, Bild, Musik und Vision. Und einige Querdenker (das war damals noch ein Kompliment, genauso wie Idealist ein Schimpfwort war) nutzten die freie Bühne auch für gewagte Positionen und das eine oder andere Statement.

Es war eine freie und wilde Zeit an Bord der schwimmenden Insel, die ich nicht missen, aber auch nicht noch mal erleben möchte. Jedenfalls wurde das »future-raft« offenbar relevant und damit zur Zielscheibe anderer Kräfte. Mit der Zeit bemerkte ich immer deutlichere Anzeichen direkter Intervention gegen unsere Zukunftsinsel, unsere wirtschaftliche Unabhängigkeit und meine persönliche Integrität.

Wie reagiert man auf Medienberichte über einen angeblichen Scientology-Hintergrund, wenn zum lancierten Artikel auch direkt unsere Sponsoren und Projektpartner interviewt werden? Wann erkennt man, dass Computerviren und Autounfälle, unerklärliche Drogenfunde, behördliche Untersuchungen und technisches Versagen relevanter Projektkomponenten keine zufällige Häufung unangenehmer Ereignisse, sondern eine systematische Strategie von unbekannter Quelle darstellen? Was tun, wenn man mitten während der Showtime des Herzensprojektes bemerkt, dass die eigene Firma und wirtschaftliche Basis der Unternehmung von den eigenen Geschäftspartnern fullspeed in den wirtschaftlichen Ruin getrieben wird?

Der Volksmund sagt in solchen Situationen: »Viel Feind – viel Ehr«. Das ist so eine Bullshit-Weisheit, die so gar nicht hilft. Aber sobald man die vielen Einzelereignisse als zusammenhängendes System konkreter Akteure erkennt, hat man eine Chance. In der Regel findet man in unserer Welt schnell die Ursache heraus, wenn man nur der Spur des Geldes und der Macht folgt. Im konkreten Fall ließ die Analyse der Vorkommnisse nur eine unglaubliche Vermutung zu: Sollte etwa die *EXPO2000 GmbH* selbst oder einer ihrer Geschäftspartner daran interessiert sein, alternative Zukunftsdiskussionen außerhalb der eigenen Meinungshoheit mit solch drastischen Mitteln zu unterbinden? Mitten in Europa, im Jahr 2000, in einem freiheitlich-demokratischen Rechtsstaat?

(Ich muss zur Gesamtsituation noch hinzufügen, dass ich neben meiner künstlerischen Zukunftsinsel auch in ein anderes Vorhaben involviert war: Für das gesamte Jahr 2000 hatte die eigens gegründete *INTRO2000 GmbH* eine große Freifläche am Messebahnhof und somit direkt am Eingang der schönen bunten Millenniumsschau gepachtet. Es war kein Geheimnis, dass wir an dieser *EXPO*nierten Stelle alternative Zukunftsvisionen sammeln und präsentieren wollten und damit möglicherweise die offiziellen Weltausstellungs-Zukünfte in Frage stellen würden.)

Lange konnte und wollte ich keinen Zusammenhang sehen zwischen den verschiedenen Einzelproblemen, den unerklärlichen Ereignisketten und direkten Angriffen auf unsere gut gemeinten Projekte. Die Fülle und Gleichzeitigkeit der Probleme machte mich komplett handlungsunfähig, gefährdete den Projekterfolg und nicht zuletzt meine Gesundheit und Existenzgrundlage. Ich wollte schon der (zweiten und total bescheuerten) Redensart des »Augen zu und durch« folgen, aber das ist so ungefähr das Gefährlichste, was man in Krisensituationen tun kann. Es war eher die Zeit zur Schadensbegrenzung.

Eines Tages spielte ich, einem wahnwitzigen Impuls folgend, die Gesamtsituation einmal in der hypothetischen Annahme einer gezielten Kampagne durch und plötzlich ergab alles einen bösen Sinn. Ich inszenierte Reaktionstests für meine unsichtbaren Gegner, deren direkte Auswirkungen das undenkbare Szenario allesamt logisch stützten. Konnte es tatsächlich sein, dass ich mich erstens in einer Art einseitigem Kriegszustand befand und zweitens mangels Erfahrung, Kapital und Profinetzwerk keine Aussicht auf den Sieg hatte?

Das Problematischste an dieser Erkenntnis war, dass in meinem sozialen Umfeld kaum jemand meiner abenteuerlichen Interpretation der Ereignisse folgen wollte. Zu krass war der Plot, den ich als Ursache erkannt haben wollte. Stattdessen erhielt ich viele gut gemeinte Empfehlungen zur psychologischen Beratung und man redete schon leise über mich und mied besser den Kontakt.

Ich war allein. Und sah mich als Ziel einer massiven Kampagne aus gezielter Desinformation, psychologischer Kriegsführung, arrangierter systemischer Repression und einer »bunten Tüte« unbeweisbarer Sabotageakte. Es war im wahrsten Sinne des Wortes »zum Verrücktwerden«. Immerhin konnte ich der unsichtbaren Gefahr aus dieser Perspektive in die Augen schauen und präventiv reagieren.

Aber was für Handlungsoptionen hatte ich überhaupt? Ich schaute im Tierreich nach:

Unsere nächsten biologischen Verwandten sind die Menschenaffen. Im afrikanischen Kongobecken leben verschiedene Schimpansenarten mit deutlich unterschiedlichem Sozialverhalten. Der »gemeine Schimpanse« löst Konflikte vorwiegend durch Aggression. Feinde werden gezielt gejagt und sogar verstümmelt oder getötet. Auch in inneren Rangfolgekämpfen kommt es zu tödlichen Auseinandersetzungen, denen unterlegene Affen jedoch durch spezifische Demutsgesten entkommen können. In der matriarchalischen Gemeinschaft der Bonobo-Schimpansen hingegen werden Konflikte durch Spielen und viel Sex untereinander vermieden und gelöst. Diese alternative Herangehensweise entsprach definitiv eher meinen Neigungen, kam jedoch mangels sichtbarer Konfliktpartner nicht in Frage.

Zwar widerstrebt es meinem Gerechtigkeitsempfinden zutiefst, klein beizugeben, aber mein Leidensdruck war größer und das Kräfteverhältnis klar. Es blieb also nur die Kapitulation. Möglichst diskret, aber dennoch demonstrativ, so dass es mein unsichtbarer Gegner auch erführe.

Dazu bot ich der *Deutschen Messe-AG* als Gesellschafterin der *EXPO2000* unsere an ihrem Eingang gepachtete Ausstellungsfläche als schnöden Parkplatz an. Unser ehrenwertes Vorhaben eines freien Diskussionsforums sei leider gescheitert und die betreffende Fläche nun frei für andere Inhalte oder Nutzungen.

Ich kann keinen direkten Zusammenhang der Ereignisabfolge beweisen, aber nach der eingestandenen Niederlage und dem Opfer unserer alternativen Zukunftsmesse entspannte sich die Gesamtsituation unmittelbar und ermöglichte zumindest einen akzeptablen Projektabschluss des schwimmenden Kunstwerks.

Mittlerweile hat es sich prima entwickelt. Das modulare Schwimminsel-System wurde international prämiert und implementiert, im Kinofilm »Träum weiter!« von Valentin Thurn dokumentiert, und das Thema avancierte sogar zum städtischen Leuchtturmprojekt für Hannovers Bewerbung zur *Europäischen Kulturhauptstadt 2025*.

Mit den »Open-Islands« ist irgendwie gerade alles »zu schön, um wahr zu sein« und das ist die dritte unsägliche Redensart, die ich bei der Gelegenheit dekonstruieren möchte: Wenn man nicht bedingungslos bereit ist, auch das Gute zu erkennen und anzunehmen, dann wird es auch nicht geschehen.

Der Gedanke ist schon die Saat zur Transformation. Ab dann braucht es nur mehr individuelle Impulse, die Tatkraft einer Gruppe und positive Resonanz mit Medien und Gesellschaft. Wenn das zusammenpasst, ist alles möglich. Auch das Gute!

P.S. Ich möchte meine damaligen Gegenspieler*innen – wenn es sie tatsächlich gegeben hat – ermutigen und einladen, unsere Perspektiven auf die Ereignisse des Sommers 2000 zu vergleichen. Vielleicht taugt es ja sogar als Drehbuch für einen spannenden Idealisten-Thriller? Keine Sorge, juristisch ist alles verjährt, aber ich wüsste doch zu gern, was damals eigentlich wirklich passierte.

Das 2-Phasen-Modell des Aktivismus

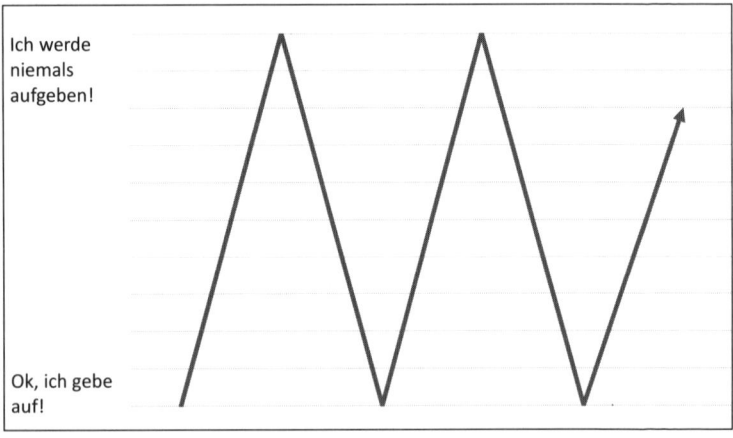

ELISABETH PRANTNER

Frust und Frohnatur

Eigentlich bin ich eine Frohnatur. Eigentlich. Wäre da nicht die Wut, die mich gelegentlich packt. Eine gerechte Wut. So möchte ich jedenfalls gerne glauben. Eine, die nicht auf Ressentiments beruht, sondern mit dem Zustand der Welt zu tun hat.

Oft begleitet sie mich auf meiner täglichen Fahrradfahrt vom Prenzlauer Berg quer durch Mitte nach Schöneberg. Es ist fast wie ein tägliches Ritual. Geladen von den morgendlichen Nachrichten und hitzigen Diskussionen beim Frühstück starte ich dennoch frohgemut in den Tag. Ich setzte meinen olivgrünen Skaterhelm auf, schmeiße mich aufs Fahrrad und strample los. Sobald mich der Fahrtwind umweht, gestalte ich in Gedanken schon ein neues Stück, in der Hoffnung, dass mich nicht wieder Kranken- und Außenstände, Steuern oder sonstiger bürokratischer Bullshit vom Designen abhalten. Ich sehe ein verrücktes Kleid vor mir, mit dem ich drei Herrenhemden aus unserem übervollen Alttextilienbestand neues Leben einhauche. Aber noch bevor das Stück eine vernünftige Gestalt annehmen kann, drängt mich so ein fetter, schwarzer Gangsterschlitten mit getönten Scheiben von der Straße. Und schon ist sie wieder da: die Wut.

Warum, frage ich mich, verbannt man diese CO_2-Schleudern nicht endlich von unseren Straßen? Ich atme einen kräftigen Schluck Abgase ein. Na, schönen Dank! Würde ihn am liebsten ritzen, den Kerl, aber der ist längst über alle Berge, Glück für ihn. Wenig später muss ich absteigen, weil sich am Alexanderplatz ein Lieferwagen auf dem kurzen Stück Fahrradweg breitgemacht hat. Ich weiche auf den Bürgersteig aus, wo mich gleich ein gestresster Fußgänger anmacht. Warum, frage ich mich, muss ich auf der Leipziger Straße teilweise auf der Busspur fahren? Und warum geht diese Baustelle, die es seit gefühlt zehn Jahren gibt, hauptsächlich zu Lasten des Fahrradverkehrs? Als ich am Roten Rathaus vorbeiradle, mittenmang durch das selbst in diesen Zeiten dichte Fußgängergeschiebe auf dem Radweg, bin ich wieder richtig sauer. Aber es hilft nichts, ich muss vorbei am potemkinschen Stadtschloss, wenn ich mich nicht von LKWs zermalmen lassen will. Wie konnten sie nur diese grauenhafte Kopie einer grauenhaften ehemaligen Größe ins Zentrum der Republik stellen? Warum haben sie nicht die Ruine des Palastes der Republik stehen lassen? Ich denke wehmütig an eine atemberaubende Tanzperformance mit Sasha Walz und *Zeitkratzer* in seinen ausgeschlachteten, luftigen Überresten. Immer müssen sie alles zukleistern! Man liebt halt die Bunker und Panzer anscheinend immer noch mehr, als man zugibt! Ich fahre vorbei am Außenministerium. Da sieht man's wieder!

Am Gendarmenmarkt mache ich kurz halt, genehmige mir einen Espresso und lasse den Blick über den seit zwei Jahren verwaisten Platz schweifen. Die düsteren Gedanken der letzten Nacht geben sich erneut ein Stelldichein. Meist so um vier Uhr wache ich auf, da beginnt angeblich die Leber zu arbeiten. Oder ist es die Galle, die schwarze? Auf jeden Fall ist zu dieser Zeit noch alles still, keine Nachbarskinder schreien, aus dem Lokal gegenüber taumelt höchstens ein letzter Verirrter in den frühen Morgen, die Müllabfuhr ist noch fern. Und in dieser stillen Stunde suchen mich meine Ängste heim. Das Gedankenkarussell beginnt zu kreisen: Wie soll ich Ende des Monats die Löhne meiner Mitarbeiter*innen bezahlen, wenn Corona weitertobt, und die Menschen online shoppen, weil sie zu Hause bleiben müssen? Der vielversprechende, engagierte Schüler, der bei unserem letzten vor-pandemischen Upcycling-Workshop seine Message auf dem redesignten Shirt so clever rübergebracht hat, erscheint mir. Der war auch gezwungen, zu Hause zu bleiben. Und er hat sich das Leben genommen, weil er die Isolation nicht verkraftet hat, wie ich von seiner Lehrerin vor kurzem erfuhr. Kapieren die Entscheider*innen überhaupt, welche Folgen die Isolation für manche jungen Leute hat, frage ich mich, während ich weiter an meinem Espresso nippe und die Spatzen an meinem Zitronenkuchen knabbern lasse. Nehmen sie es einfach in Kauf? Nehmen *wir* es in Kauf? Bringt ja keine Wählerstimmen, denken sie vielleicht. Scheiß auf Schüler*innen, Künstler*innen, Kleinunternehmer*innen, Gastronom*innen, das gestresste Krankenhauspersonal, die Familien, die alle Maßnahmen unter einen Hut bringen müssen, Hauptsache die Rentner*innen sind zufrieden und geschützt, die gehen wenigstens noch zur Urne. Zur Wahlurne, meine ich. Hauptsache, die Großindustrie floriert, die Digitalisierung schreitet voran und alle bekommen ihre Online-Bestellungen *in time*. Wer die ausliefert, wie die nach Deutschland kommen und wer die produziert, wurscht!

Ich atme durch und steige wieder aufs Rad. Ich versuche, meine Gedanken auf meine Designidee zurückzulenken. Ich gehe im Geist die Reststoffe durch, die zu den orange-grau karierten Hemden passen könnten, und frage mich, wie ich die interessant »gegen den Strich bürsten« könnte. An der Friedrichstraße kreuzt plötzlich eine Frau meinen Weg. Sie hat einen schwarzen Plastikschlafsack an. Sofort stehen mir die Fast-Fashion-Müllberge in der Atacama Wüste vor Augen, von denen derzeit so viel die Rede ist und die vermutlich morgen schon wieder vergessen sind. Wer hätte geahnt, dass Chile eine Drehscheibe für unverkaufte Textilien ist. 59 000 Tonnen pro Jahr landen angeblich auf diesem Berg. Eigentlich gar nicht so viel, wenn man bedenkt, dass allein in Berlin jährlich 67 000 Tonnen Alttextilien anfallen. Aber als ständig wachsendes Gebirge macht das schon ordentlich was her. Ja, es ist regelrecht einschüchternd. Wie soll man dieses Gebirges jemals Herr werden, oder Frau? Habe ich doch schon mit dem Zeug, das die Leute wohlmeinend zu uns ins Atelier bringen, meine liebe Not. Vielleicht ist das Ganze ein Komplott, denke ich, um sogar mich glauben zu machen, dass mein ganzes Tun und Trachten sinnlos ist? Dass es nur mit dem ganz großen Besteck geht. Mit »German Engineering«-Klimaschutz, wie der sleeke neue Finanzminister sagen würde. Oder »German Engineering«-Upcycling, wenn das nicht seinen Wachstumsphantasien gegen den

Strich ginge. Ich fluche innerlich auf den Kapitalismus und seine Jünger*innen, die dauernd von Nachhaltigkeit quaken und doch nur den nächsten Wachstumsschub im Sinn haben. Ich fluche auf seinen Effizienzfetischismus und seine abgrundtiefe Hässlichkeit. Ich fluche auf das Konsumvieh, seine willigen Vollstrecker. Ich fluche auf mich, weil ich Teil davon bin.

Sisyphus ist gegen mich ein Waisenknabe, fällt mir plötzlich ein, und es geht mir gleich wieder besser. »Kleiderberg, ich komme!«, rufe ich beschwingt. Vielleicht liegt es daran, dass ich mittlerweile den Tiergarten durchquere, vorbei an Wiesen, Bäumen, kleinen Wasserläufen, vorbei an friedlich flanierendem Volk, dem man den Kapitalismus nicht ansieht. »Schau mal, ein Rotkehlchen«, ruft ein Kind seiner Mutter zu. Naja, ehrlich gesagt, habe ich das Kind nicht verstanden, weil es türkisch gesprochen hat. Aber die Vorstellung trägt mich über den Landwehrkanal bis hin zu *Möbel Hübner*.

Beim Anblick der Prostituierten, die dort auf Kundenfang gehen, und der Obdachlosen, die vor der Kirche die Zeit totschlagen, frage ich mich aber schon wieder, ob ich nicht demnächst eine der ihren sein werde, angesichts der flauen Geschäfte und knausrigen Corona-Hilfen. Dabei mussten viele, die ich kenne, selbst das Wenige, das sie erhielten, wieder zurückzahlen. Manche mussten sogar einen Kredit dafür aufnehmen. Ein Wahnsinn, rege ich mich erneut auf, da erteilt man ehrlich arbeitenden Menschen monatelang Berufsverbot und entzieht ihnen dann die kümmerliche Hilfe wieder, nur weil sie knapp *über* 50 Prozent Verlust geblieben sind oder in ihrer Panik etwas voreilig Hilfe beantragt haben. Das heißt dann »unrechtmäßiges Bereichern« und hat ein gerichtliches Nachspiel. Aber *Amazon* und Co. dürfen dem Staat ungestraft Steuern vorenthalten, ja, sie kriegen sogar noch etwas zurück! »Komm runter«, sag ich mir, »schau, die Sonne scheint und du bist gesund.« Aber ich kann nicht aufhören, innerlich zu zetern. Mein Zetern umkreist die ganze Welt, vom schmelzenden Eispanzer Grönlands zum Great Barrier Reef und zum Mekong-Fluss, der zu versiegen droht. Das Grimm-Märchen vom »süßen Brei« kommt mir paradoxerweise in den Sinn, der

Speise, von der das Volk immer mehr begehrte, bis sie sich schließlich als nicht enden wollender Strom über die ganze Stadt ergoss und ihre Bürger*innen unter sich begrub.

»Oje, jetzt wirst du gar schon didaktisch«, sage ich mir, »jetzt ist aber wirklich genug!« Glücklicherweise bin ich inzwischen vor meinem Veränderungsatelier *Bis es mir vom Leibe fällt* angekommen. Ich stelle das Fahrrad ab, ziehe die Maske auf und betrete den Laden. Ich sehe, wie Magnus mit einer Kundin scherzt, Chrissi konzentriert über einem Schnitt brütet, Nona an ihrem neuesten Entwurf aus einem Band-Shirt-Überhang bastelt und plötzlich steht mir klar vor Augen, wie ich die drei Herrenhemden in ein umwerfendes Kleid verwandeln werde, auch wenn das wahrscheinlich den angepassten Feiglingen da draußen zu steil sein wird. Egal. Ich stelle mich an die Schneiderpuppe, schneide Ärmel und Knopfleiste vom ersten Hemd und ziehe einen karierten Stoffrest aus dem Regal, der genau dazu passt.

LUISE TREMEL UND PETER KOWALSKY

Und wenn Du denkst, es geht nicht mehr …

Ein Medley unserer erhebendsten Erlebnisse und Erkenntnisse

Unsere Erfahrung ist: Und wenn du denkst, es geht nicht mehr, kommt irgendwo ein Lichtlein her. Mitunter muss man das Licht selbst anknipsen, ja. Aber dann ist trotzdem alles heller, und das ist das Entscheidende. Und manchmal kommt das Lichtlein wirklich plötzlich von *irgendwo* her, von außen. Auch hier steigt allerdings die Wahrscheinlichkeit, dass das passiert, wenn man das Lichtlein aktiv einlädt. Wie das gehen könnte? Hier unser Best-of der Rezepte und Gedankenspiele, mit denen sich Helligkeit erzeugen lässt – und unsere irrsten Wirklich-wahr-Momente, die man nur auf eine einzige Weise interpretieren kann: Alles wird gut!

Come as you are – eine Geschichte aus Peters Leben: *BIONADE* hebt nach Jahrzehnten des Entwickelns und Erfolglos-Anpreisens endlich ab: sie wird getrunken, gekauft und medial gefeiert. Ein TV-Team kommt in die Rhön, Peter soll in der Familienbrauerei interviewt werden. Er schämt sich bei dem Gedanken, dass das Fernsehpublikum zu sehen bekommt, wie marode die Technik und Anlagen sind – »Es war ja nie genug Geld da«, und das neue Wachstum muss auch erst finanziert werden. Peter steht also vor der Kamera, Ton läuft auch, da rennen plötzlich sein Bruder Stephan und der Brauerei-Schlosser ins Bild. Es tut gigantische Schläge: Die beiden bearbeiten mit einer riesigen Eisenstange die Flaschen-Waschmaschine, dreschen immer wieder auf die Anlage ein. Der Interviewer fragt aufgeregt: »Herr Kowalsky, was ist da los?« Peter antwortet und fährt fort: »Ach, das ist nur eine Kleinigkeit! Also, die *BIONADE* ...« Die Schläge hören auf, setzen nach einigen Sekunden aber wieder ein und ziehen sich schließlich durch das gesamte Interview. Der Beitrag wird ausgestrahlt, und Peter wartet auf Anrufe von Händlern, die die Zusammenarbeit beenden wollen. Tatsächlich meldet sich prompt die Drogeriekette *Budnikowski*, damals einer der wichtigsten Kunden. Ein Mitglied der Geschäftsführung ist am Apparat: »Herr Kowalsky, wir haben den Fernsehbeitrag über *BIONADE* gesehen. Sie müssen unbedingt mehr verdienen! Wir würden Sie gern nach Hamburg einladen und gemeinsam ein Konzept erarbeiten, wie das Ganze langfristig ertragreich sein kann.« Gesagt, getan – und nur so passiert, weil ungeschönt sichtbar wurde, wie es um *BIONADE* und die Familie stand.

So schlimm wird's schon nicht werden – Kurz nach Ende ihres Studiums hatte Luise schreckliche Angst. Angst, den falschen Weg einzuschlagen, den richtigen Schritt zu verpassen, Angst, ihr Potenzial zu verspielen. Angst, im Leben nicht an den Punkt zu finden, an dem sie etwas Erfüllendes tun und gleichzeitig für die Welt einen guten Beitrag würde leisten können. Die Angst war so lähmend, dass jede Stellenanzeige oder konkrete Option in die Irre zu führen schien und keine Bewegung mehr möglich war. Da kam Luise ein Gedanke, der im Nachhinein ziemlich bekloppt wirkt, damals aber geholfen hat: »Guck doch: Die Mitglieder der RAF haben sich für die Gewalt entschieden und sich damit ins Gefängnis gebracht. Egal, was du jetzt ausprobierst: So schlimm wie das wird es nicht.« Keine Ahnung, wie Luise ausgerechnet auf diesen Gedanken gekommen ist. Aber befreit vom Druck hat sie sich für einen ersten Job bei der *Bundeszentrale für politische Bildung* entscheiden können, dort arbeiten gelernt – und schließlich Harald Welzer getroffen, um dann *FUTURZWEI* mit aufzubauen, um dann Transformationsforscherin zu werden, um dann Peter kennenzulernen und mit ihm eine Idee für ein zukunftsfähiges Unternehmen zu entwickeln. Tatsächlich, wer hätte es gedacht?! Den ersten Schritt gemacht, prompt wurde alles Folgende erfüllend und ist am Ende auch okay für die Welt. Die Moral von der Geschicht'? Nein, es geht nicht darum, die RAF als Negativvorbild zu pitchen. Sondern darum, dass in festgefahrenen Lagen die Gedanken gar nicht bekloppt genug sein können; sie müssen nur für Bewegung sorgen.

Und wenn es schöner wird? – Das hier ist noch nicht wirklich unsere Stärke, aber wenn wir uns darauf einlassen, finden wir die Technik ziemlich stark. So geht's: Stell dir vor, du wachst in einem Jahr auf (oder in fünf oder zehn Jahren), und das Wunder, auf das du gehofft hast, ist wahr geworden. Wie fühlst du dich? Was siehst du um dich herum? Wie riecht, schmeckt, klingt diese phantastisch transformierte Welt? An welchen Details erkennst du, dass alles gut geworden ist? Und wie hast du geschafft, dass es so kommen konnte?

Man macht diese Übung am besten morgens, noch im Bett oder direkt nach dem Aufstehen (vor Handy-Blick, Kaffee und all dem anderen), weil das Bewusstsein da noch herrlich empfänglich ist für Bilder und Eindrücke. Denn darum dreht sich die Technik: Indem man dem Unbewussten vorgaukelt, alles sei schon gut ausgegangen, überzeugt man sich selbst, dass alles gut ausgehen kann. Angeblich kann das Unbewusste nicht gut unterscheiden zwischen Dingen, die tatsächlich passiert sind und die man sich nur vorgestellt hat – im Positiven wie im Negativen. Deshalb hilft jede eingepflanzte positive Vision, die (unbewusst gesteuerten) Nerven- und Hormonsysteme in Richtung Freude, Vertrauen und Zuversicht zu befördern. Und deshalb zieht jeder Gedanken-Frust, der sich ins Unbewusste schleicht, das gesamte System so intensiv hinunter, als mache man permanent real negative Erfahrungen. Je besser man sich durch diese Selbst-Suggestion fühlt, desto mehr traut man sich zu, desto mehr packt man an, desto mehr Hoffnung strahlt man aus, desto mehr Resonanz erzeugt man, desto besser fühlt man sich. Und so weiter. Daher unser Tipp: Morgens noch einmal auf Snooze drücken und die wundervolle Zukunft erträumen! Und wer viel mit negativen Szenarien arbeitet, um genug Veränderungsdruck zu erzeugen, der oder die drücke zweimal auf Snooze. Denn auch diese Szenarien wabern als Realitäten durch das Unbewusste und erzeugen Stress. Der Ausweg: ein Überschreiben mit Bildern, wie großartig alles werden kann – so oft und so konkret wie möglich.

There can be miracles ... – »Wir waren in großer Not, ja?« So beginnen eine Menge Geschichten aus Peters *BIONADE*-Zeit. Auch diese: Die Familie war in großer finanzieller Not, der Druck existenziell. Da rief Peters Mutter, Inhaberin der höchstverschuldeten Familienbrauerei, ihre Söhne zusammen, es gebe etwas zu besprechen. Wieder ein Problemgespräch? Vielleicht sogar der Moment, in dem alles zu Ende sein würde? Weit gefehlt: Die Mutter strahlte über das ganze Gesicht, verteilte Schampus und verkündete, sie habe im Lotto gewonnen. Was? Im Lotto? Wie viel denn? 1,4 Millionen D-Mark! Sechs Richtige plus Superzahl. Die Gläubiger seien schon informiert, alle könnten erst einmal aufatmen, und sie würde mit ihren Schwiegertöchtern gern zum Einkaufen fahren, nach all den Entbehrungen. Echt!? Ja, wirklich so passiert, und zwar Jahre, bevor irgendjemand irgendetwas von *BIONADE* gehört hatte. Mit dieser irren Geschichte wollen wir nicht sagen, dass der Leser*in auch so etwas passieren *wird*. Aber wir finden es wahnsinnig schön und tröstlich, dass so was passieren *kann*. Solange man ans Glück glaubt und im Spiel bleibt.

No I can't help you If you won't help yourself – Erkenntnis: Es ist enorm hilfreich, für sich herauszufinden, was eine*n aus der Dunkelheit zieht. Also die Lieder zu identifizieren, die eine*n mit Power und Zuversicht fluten, auf Knopfdruck. Zu wissen, welches Duftöl oder welcher Badezusatz das Gedankenkarussell zum Anhalten bringt. Oder präsent zu haben, welche Freundin man anrufen muss, um an die eigene Strahlkraft erinnert zu werden. Ob diese Sachen cool sind oder salonfähig, ist unerheblich; sie müssen für eine*n ganz persönlich funktionieren. So schöpft Luise Kraft beim esoterischsten Energie-Yoga ever, samt Mantra-Gesängen. Für Peter funktioniert Motorradfahren, auch wenn man das in Öko-Kreisen kaum sagen darf. Oder Stille und In-die-Nacht-Starren, mit Rotwein und Kerze. Was eine*n stark macht, weiß jede*r selbst am besten. Dass Kraft-Tanken unerlässlich ist, wissen wir aber sicher. Ach, ganz wichtig: sich mit Menschen umgeben, die eine*n hochziehen, fördern und unterstützen! Mit Leuten, die eine*n runterziehen, wird man die Welt nicht retten.

Immer locker bleiben, sag ich, immer locker bleiben – Zum Schluss: Nur, weil es möglich ist, sich positive Energie zuzufächeln, heißt das nicht, dass man das in jeder Lage tun muss. Manchmal braucht es auch eine radikale Entscheidung, eine Pause oder das Eingeständnis, dass die Zeit noch nicht reif ist. Es ist nie, nie, nie eine Schande, anzuhalten oder abzubrechen, wenn man merkt, man kann oder will nicht mehr weitergehen. Unsere letzte wahre Binse für diesen Text lautet deshalb: »In Zeiten großer Not ist der Mittelweg der Tod.« Nicht aufs Durchhalten versteifen und krampfhaft weiterschieben, wenn die Richtung nicht mehr stimmt! Dann lieber absetzen, Bilanz ziehen und die Enttäuschung ordentlich rausschütteln. Wenn dann genug frische Kraft da ist, entweder neu ansetzen oder ganz woanders einen ganz anderen Versuch starten. Kann sein, dass man das mehr als einmal tun muss – irgendwann ist der richtige Moment aber da, versprochen!

PS: Danke an Nirvana, Rosenstolz, Whitney Houston und Mariah Carey, Amy Winehouse, Die Fantastischen Vier und natürlich immer wieder dem Volksmund!

URSULA CYRIAX

Soforthilfe-Übung für Glücksempfinden und Zuversicht

Über unseren Körper werden Informationen an unser Gehirn weitergeleitet – gute und weniger gute.

Mit positiven Körperhaltungen sendet dein Körper deinem Gehirn positive Informationen, dadurch entwickelst du positive Gedanken und Gefühle. Diese neuen Gedanken verändern wiederum Deine Handlungen und Anschauungen.

Diese Übung kannst du überall machen: zu Hause, am Arbeitsplatz, im Hotel oder unterwegs. Und jederzeit: morgens, mittags, abends oder gar nachts.

»Arme HOCH (und lächeln)!« Wenn wir von etwas total begeistert sind, lässt uns das die Arme hochheben. Dadurch wird dein Brustkorb geweitet, das Atmen wird leichter, Gehirn und Lungen werden mit mehr Sauerstoff gefüllt. Deine Achselhöhlen öffnen sich, die Armmuskeln dehnen sich, der Rücken streckt sich. Du wirst größer.

Ein Gefühl von Leichtigkeit und Freiheit macht sich breit und wird an dein Gehirn weitergeleitet. Lächelst du noch dazu, also ziehst, obwohl du superschlecht gelaunt bist, die Mundwinkel nach oben, interpretiert dein Gehirn das als pure Freude.

»Arme hoch und lächeln« mindestens drei Atemzüge lang und dann langsam die Arme und Mundwinkel sinken lassen. Das Ganze gleich zwei- bis dreimal wiederholen. Lade Freund*innen zu dieser Übung ein und zelebriere *»Arme hoch und lächeln«* am Tag (besonders dann, wenn Dir das Schicksal gerade nicht hold ist).

Gefühle von Freude und Glück stärken das Immunsystem und lassen Wunden schneller heilen. Außerdem wurde bei optimistischen Menschen eine höhere Widerstandsfähigkeit gegen Viren festgestellt.

Und nun alle: »*Arme hoch und lächeln*«

AMADEUS TEMPLETON

Und sie trug.

Der Abend

Es zog ein wenig, da es draußen kalt war und die Türen zu diesem mäßig geheizten Foyer ständig auf und zu gingen. Eine Angehörige deckte den soeben in einem Klinikbett hineingeschobenen Wachkoma-Patienten mit einer Wolldecke zu. Ob er gemerkt hat, das ihm geholfen wurde? Wo ist er in seiner Wahrnehmung? Was bedeutet ein Konzert für einen angeblich »unansprechbaren« Menschen?

Von außerhalb gekommene Kinder mit Eltern, andere Patient*innen, die mal besser, mal schlechter dran waren, sowie Personal der verschiedenen Stationen versammelten sich an diesem dunklen Donnerstagabend hier im Krankenhaus, in dieser Ecke, die tagsüber Raum für ein kleines Café bot. Die rund 30 Gäste fanden sich ein, um ein besonderes Konzert zu erleben: ein Konzert mit zwölf jungen Geiger*innen, die zu den besten ihrer Generation gehören. Sie spielten eine Bearbeitung von Schuberts »Der Tod und das Mädchen« für zwölf Violinen. Wenig konnten sie proben, da sie sich erst kurz kannten, und da dieses Konzert kein gewöhnliches werden sollte, zumindest nicht, was den eigentlichen Rahmen – um den es hier geht – ausmachte. Und doch war genau jener sich vollziehende Moment musikalisch und künstlerisch sowie menschlich so eindrücklich, dass alle ergriffen waren. Ergriffen von Schubert, ergriffen von den Schicksalen.

Der Morgen

Das Ereignis des Abends hatte die zwölf jungen Geiger*innen eng miteinander verbunden. Schon die ganze Woche stand unter einem speziellen Stern. Wir, von TONALi, hatten die Künstler*innen zu einem Workshop an die private Universität Witten-Herdecke eingeladen, in dessen Rahmen auch das Konzert stattfand – so wie jedes Jahr.

Der Workshop gehörte zum Ausbildungsprogramm, das wir denjenigen Musiker*innen anboten, die sich für unseren Musikwettbewerb qualifiziert hatten. Die Aufnahmeprüfung für den Wettbewerb – der zu den angesagtesten seiner Art gehörte – lag gerade einen Monat zurück. Die Geiger*innen waren gekommen, um sich mit neuen Ideen des Konzertlebens auseinanderzusetzen, um in utopische Konzeptansätze einzutauchen. Man dachte über Humboldt und seine spektakulären universitären Ideen nach, reflektierte das, was an den Musikhochschulen eine universellere Künstlerbildung sein könnte, visualisierte, was Wettbewerbe klassischer Musik problematisch macht. Zudem führten die Teilnehmenden einen Diskurs über das von TONALi neu entwickelte Ausbildungsmodell, das eine ganzheitliche Form partizipativer Kunstsozialität in den Fokus rückt, und das mit dem Nachfolgejahrgang starten sollte – so zumindest die bisherige Planung.

Man kam an diesem Morgen zusammen, um eine Woche abzurunden, die so eigenwillig enden sollte, wie sie begonnen hatte.

Der Gedanke

Alles Zurückliegende war so intensiv, dass eben in der Nacht ein Gedanke aufkam, der zur Weichenstellung werden sollte. Hatte der Gedanke etwas Beängstigendes? Nein. Hatte der Gedanke etwas Zukünftiges? Ja. Konnte der Gedanke mit den Geiger*innen geteilt werden? Er musste es. Wir, die wir TONALi gegründet hatten, verständigten uns kurz und vereinbarten, dass wir es wagen wollten. Es galt: jetzt oder nie!

Der Puls stieg. Der Gedanke wurde zum Fragekomplex: »Wollt ihr die Ersten sein, die sich öffentlich positionieren, um eine neue Zeit einzuläuten, die das Prinzip Kooperation statt Wettkampf vertritt? Wollt ihr diejenigen sein, die damit aufhören, die eine Beethoven-Interpretation gegen die andere von Ravel auszuspielen? Seid ihr bereit, der Welt öffentlich zu sagen, dass ein Musikwettbewerb nichts befördert, was der Kunst tatsächlich dienlich ist? Um noch eines draufzulegen, zitierten wir den russischen Filmemacher Andrej Tarkowski mit einer Passage aus seinem Buch »Die versiegelte Zeit«:

»Kunst entsteht und entwickelt sich dort, wo jene ewige, rastlose Sehnsucht nach Geistigkeit, nach einem Ideal herrscht, die die Menschen sich um die Kunst scharen läßt. Es ist ein falscher Weg, den die moderne Kunst eingeschlagen hat, die der Suche nach dem Sinn des Lebens im Namen bloßer Selbstbestätigung. So wird das sogenannte schöpferische Tun zu einer seltsamen Beschäftigung exzentrischer Personen, die nur die Rechtfertigung des einmaligen Wertes ihres ichbezogenen Handelns suchen. Doch in der Kunst bestätigt sich die Individualität nicht, sondern dient einer anderen, allgemeineren und höheren Idee. Der Künstler ist ein Diener, der sozusagen seinen Zoll für die Gabe entrichten muß, die ihm wie durch ein Wunder verliehen wurde. Der moderne Mensch aber will sich nicht opfern, obwohl wahre Individualität doch nur durch Opfer erreicht werden kann. Aber wir vergessen das allmählich und verlieren daher auch das Gefühl für unsere menschliche Bestimmung.« (Tarkowski 1985)

Die Atmosphäre im Raum verdichtete sich zur Signatur aller Zeitdimensionen: Die Vergangenheit, die Zukunft und die Gegenwart waren plötzlich in einer Weise präsent, als gäbe es kein größeres Gipfeltreffen. Die Bedeutung des Augenblickes stellte klar, was hier gerade stattfand: Ganze Gedankengebäude klappten in sich zusammen, richteten sich neu auf, produzierten abwegige Visionen, zeitgemäße Zukunftsvorstellungen sowie geistreiche Utopien. Der ebenfalls zitierte Spruch Hilde Domins »Ich setzte den Fuß in die Luft. Und sie trug.« (Domin 1959) konnte lediglich als Farbe wirken – er wurde jedoch erst viel später zum Sinnbild dieses prägnanten Wendemomentes.

Wir ließen die Teilnehmenden darüber abstimmen, ob sie einen solchen Schritt wagen wollten. 70 Prozent entschieden sich, den Versuch zu wagen. Für einen Moment entstand das Gefühl, dass sich hier nicht ohne Grund mutige Menschen getroffen hatten, um ein neues Kapitel für ihre Entwicklung aufzuschlagen. Für einen Moment atmete die gealterte Klassik frischen Wind, atmete Zukunft, Aufbruch und Mitmenschlichkeit.

Das änderte sich jedoch schnell. Der Workshop war vorbei. Noch auf dem Weg zum Bahnhof verständigten sich einige Teilnehmer*innen darüber, dass sie da nicht mitmachen wollten, dass sie sich niemals in die Öffentlichkeit stellen würden, um Kritik an einem Musikwettbewerb zu äußern. Der ganze bisherige Weg sollte durch eine solch »krasse« Position nicht gefährdet werden.

Wir gaben drei Tage Zeit, alles zu überdenken und uns Rückmeldung zu geben. Die drei Tage waren um. Von den Teilnehmenden waren nur noch fünf der Ansicht, eben diese »Ersten« sein zu wollen. Die anderen verließen das gemeinsame Boot. Man hatte sich für einen Musikwettbewerb angemeldet. Sie fühlten sich verraten, da sie vermuteten, dass wir das alles längst geplant hatten und sie, die Teilnehmer*innen, für unsere Interessen instrumentalisieren wollten. Es kamen auch die Meinungen einiger Elternhäuser hinzu, und es gab kritische Mails von Lehrer*innen.

Die Krisen

Wir hatten mit einer solchen Entwicklung nicht gerechnet. Nichts von dem war so geplant, wie es dann zustande kam. Wir waren innerlich betroffen, da wir doch nur Gutes vermitteln wollten und doch viel Hinderliches ernteten. Wir veröffentlichten eine Stellungnahme auf unserer Internetseite, da wir dem Flurfunk, dem Missverständnis bzw. einer gefärbten Deutung zuvorkommen wollten. Wir informierten die Jury, die wir nun nicht mehr brauchten. Wir sprachen mit all unseren Förderern, Partnern und engen Freunden. Wir investierten sehr viel Zeit in persönliche Erklär-Gespräche, in die Beantwortung von Fragen, die uns immer wieder mit Unverständnis konfrontierten: »Wie könnt ihr nur euren Markenkern abschaffen?« oder »Wie wollt ihr überhaupt noch wahrgenommen werden, wenn ihr eure prominenteste Veranstaltung abschafft?« oder »Wie wollt ihr noch die Topmusiker*innen anziehen, die euch bisher wegen des Wettbewerbes aufgesucht und die so viel Qualität in eure Arbeit gebracht haben?«.

Vielen wollte es nicht einleuchten, warum wir uns für diesen Weg entschieden hatten. Manche Partner verließen uns, andere kamen hinzu. Zeiten ändern sich, ändern einen – und man ändert, was vorüber ist.

Wir konzentrierten uns darauf, das zu kommunizieren, was wir vorhatten. Wenig später landeten wir alle im ersten Lockdown. Es war mittlerweile März 2020 geworden. Corona hatte das Land im Griff, und alles kam ohnehin anders, als man sich das zunächst gedacht hatte. Bewältigt war die unsrige Krise aber noch nicht. Es folgten aus weiteren Gründen Abmeldungen, so dass schließlich zwei Geiger*innen als Letztverbliebene zu den »Ersten« gehörten.

Das Neuland

Wir haben verstanden, dass gute und zukunftsweisende Ideen Zeit brauchen, dass Kurswechsel Konsequenzen verursachen, deren Horizonte man besser vorab durchdenkt. Wir haben gelernt, dass Zukunft nur aus Mut entsteht, und dass neue Türen erst aufgehen, wenn sich alte Türen schließen. Wir wissen heute, dass es weh tun kann, wenn ein Rückenwind zu einem Gegenwind wird. Aber wir durften auch lernen, dass ein Gegenwind zum Rückenwind wird, wenn sich entweder der Standpunkt ändert oder der Wind seine Richtung dreht, da nur so ein neues Ziel erreicht werden kann.

Heute

Zwei Jahre nach dieser Erfahrung startet bereits der zweite Jahrgang der TONALi Akademie nach neuem Konzept. Die Nachfrage ist größer als jemals zuvor, und es treten neue Musiker*innen an, die ihre Kunst zur Stärkung einer offenen Gesellschaft freier und initiativer Menschen einsetzen wollen, die Neuland suchen, in sich und in ihrem sozialen Wirkungskreis, die bereit sind, ihren Fuß in eine Luft zu stellen, von der sie annehmen, dass sie trägt.

Eine Frage

In welcher Wahrnehmung ist er? War die eine Frage, die sich uns stellte, als wir den Wachkoma-Patienten beim Konzert erlebten. Vielleicht ist er dort, wo sich die wirklichen Weichen stellen, wo die Luft ihre Tragkraft entwickelt, wo aus mutigem Handeln Zukunft entsteht.

KATJA BERLIN

*Um was sich Aktivist*innen auf jeden Fall
kümmern müssen*

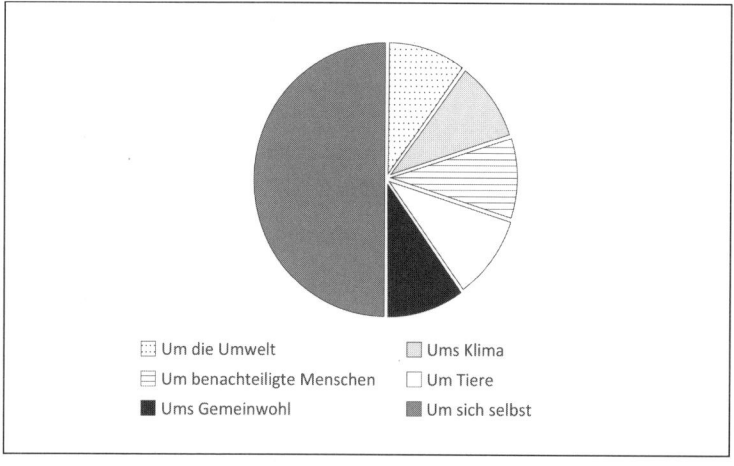

MARLIES JENSEN-LEIER

Am Tiefpunkt: Schmunzeln

Der Altweibersommer ist zu Ende. Es ist Ende Oktober 2021 und absoluter Tiefpunkt unserer Graswurzel-Bewegung *von uns aus*. Ich schreibe eine Mail an Dorothee Tams, meine Mitstreiterin, die für ein paar Tage ihre Enkelkinder in Elmshorn besucht: »Fühle mich so allein heute. Brüte über das ›Wie weiter‹. Bin ohne Nachricht von Dir. Das bedeutet, Du bist immer noch ohne Signal für klärende Gespräche mit Deiner Fraktion.« Endlich kommt eine Antwort: »Ich bin bis morgen noch bei meinen Enkeln. Wenn ich zurück bin, lass uns einen Spaziergang machen, das Notwendige besprechen und uns mal wieder was im ›Kaphörnchen‹ gönnen.«

Heute bleibt mir nur ein inneres Zwiegespräch mit Dorothee. Sprechen tut gut. Das hilft uns immer wieder uns zu vergegenwärtigen, warum wir mit siebzig Jahren noch »auf die Barrikaden« gehen: Unsere Beweggründe haben sich seit den 68er Jahren in uns verwurzelt und uns JETZT einmal mehr zum Handeln bewegt: Nach 1968, als unsere Richtung[1] im Grunde schon klar war. Nach dem Bericht des *Club of Rome*, nach den »Grenzen des Wachstums« (Meadows et al. 1972) und den neuen Grenzen des Wachstums. Nach Pflanzung von Apfelbäumchen, nach »Stummer Frühling« (Carson 1962) und »Die Wolke« (Pausewang 1987). Nach zukunftsfähigen Parteitagsbeschlüssen. Nach hoffnungsvoll begonnenen neuen Bewegungen. Nach jenem Weltmoment 1989, der Grenzen, Mauern, Stacheldraht und Eisernen Vorhang überwindenden fassungslosen, vielfältigen Freude an allen Orten im Land und auf der ganzen Erde – in seiner friedlich möglich gewordenen Unmöglichkeit. Nach dem Ende der Geschichte. Nach Gründung hoffnungsvoller NGOs. Nach dem Verschwinden der Gegenwart. Nach dem 11. September 2001. Nach der Entstehung der Festung Europa. Nach dem Ende der Welt wie wir sie kannten.

Mein innerer Dialog mit Dorothee geht weiter: Nach Deinen Jahren als GRÜNE im Rat, und was es für Dich dort bedeutete, nachdem Du auch außerparlamentarisch tätig geworden warst. Nach meinen Jahren hauptamtlich in der. Politik, nach meinem Ausstieg. Nach Rückkehr in meine kleinekleine Stadt, nach Schauen, was hier geworden ist. Nach fünf Jahren *Bürgerinitiative Zukunftswerkstatt Schleswig*: Fassungslosigkeit. Nach meiner literarisch-politischen Zeitreise, die kurz vor dem Erscheinen Gretas auf demselben Bahnhof angekommen war, wo dann die Jugend *Fridays for Future* stand. Mit Greta war neue Hoffnung entstanden, mit ihr wurde einmal mehr deutlich, was wir auch als Einzelne bewirken können. Im Sommer 2020 ging mein Traum aus meinem Postmeier-Kapitel in Erfüllung: Dorothee und ich, wir beide gründeten die Graswurzel-Bewegung »*Von uns aus*«.

Eigentlich dachten wir, wir hätten die Tiefpunkte unseres Engagements hinter uns:

Doch Fehlanzeige, zuerst erreichte uns eine Strafanzeige. Warum? Angesichts des Klimawandels und nachdem sich Bürger*innen unserer Stadt 30 Jahre lang vergeblich um bessere Fahrradwege bemüht hatten, starteten wir die erste Aktion und markierten in der Nacht vom 29. auf den 30. November 2020 mit grüner und rosa Sprühkreide und kleinen selbstgeschnittenen Fahrrad-Schablonen unsere Korrekturvorschläge für eine fahrradfreundliche Stadtplanung.

Wir bekannten uns dazu. Sogar unsere lokale Tageszeitung berichtete. Und dann, wie in Kafkas Prozess, ohne dass wir etwas Böses getan hätten, erstattete der Bürgermeister mit Zustimmung der Bürgervorsteherin »selbstverständlich« Strafanzeige gegen uns. Ohne zuvor mit uns über unsere Beweggründe zu sprechen. Hm, Strafanzeige, das könnte der Sache aber auch dienen. Wir gingen schmunzelnd umher. Dann Angriffe gegen Dich, liebe Dorothee, in der Dezember-Ratsversammlung. Dein Part ist eindeutig der schwerere.

Dann kam es nach Presseberichten über die Angriffe, nach empörten Briefen und Leser*innenzuschriften und vor Beginn der Januar-Ratsversammlung zu einer kleinen friedlichen, natürlich angemeldeten Solidaritätskundgebung: »Dorothee for Future«.

Der Herr Bürgermeister und einige der Ratsleute begrüßten die Demonstrant*innen, einige andere, darunter solche in hervorgehobenen Positionen, hatten sich offenkundig verabredet, mit abgewandtem Kopf vorbeizugehen. Im ersten Moment dachten wir, die hätten Mumps, so starr ignorierte man uns. Bis wir sahen, wie sie sich auf dem Plateau oberhalb der Außentreppe gelenkig umdrehten, um einen prüfenden Blick von oben über uns Volk zu werfen. Ganz tiefer Tiefpunkt.

Obendrein hing in den Jahren 2020/2021 eine riesige Werbung am Gerüst unseres Doms: »*JETZT Fensterpate werden*«. Die hatte uns an den Dominikaner und Ablassprediger Johann Tetzel erinnert. Deshalb planten wir angesichts des Klimawandels und der Pandemie eine nächste Aktion im Januar 2021. Wir schrieben einen »Neujahrsbrief an den Bischof«. Wir erklärten ihm unser Anliegen in seinem Sprengel und stellten ihm am Ende die Frage, ob es in *dieser* Zeit an der Fassade unseres Doms nicht etwas anderes zu verkünd(ig)en gäbe. Wir boten ihm ein Banner als Geschenk an: »*VON UNS AUS: JETZT CO2 reduzieren*«.

Diese Botschaft fanden wir von globalem Interesse, zudem nicht kommerziell, überkonfessionell, überparteilich und uneigennützig. Wir erhielten eine Absage, während am Bauzaun rund um den Dom für Gott und die Welt geworben wurde.

Zurück zum Strafbefehl: Am 31. März 2021 ging der Brief der Staatsanwaltschaft Flensburg bei uns ein. Wir sollten 50 Tagessätze auf uns nehmen: 50 Tage Gefängnis auf Bewährung plus Nebenkosten. Wir haben keinen Rechtsbeistand genommen, weil uns klar war, dass wir uns selbst am besten verteidigen können. Unsere Beweggründe sind sozusagen enkeltauglich, sie widmen sich den kommenden Generationen und sind (noch) nicht Gegenstand der Rechtsprechung.

Am 23. April 2021 legten wir *von uns aus* vier Seiten lang gut begründeten Widerspruch ein. Hoffend, dass die Judikative die neue Epoche der Erdgeschichte bedenkt. Am 29. April 2021 wird der Beschluss des Bundesverfassungsgerichts zum Klimaschutz veröffentlicht, wonach »mit den natürlichen Lebensgrundlagen sorgsam umgegangen werden müsse und dass diese der Nachwelt in einem Zustand hinterlassen werden müssten, dass nachfolgende Generationen diese nicht nur um den Preis radikaler eigener Enthaltsamkeit weiter bewahren könnten«. Wie groß dann unsere Freude war, als die Staatsanwaltschaft uns mitteilte, sie habe am 21. Mai 2021 beschlossen, »aufgrund unseres Vorbringens« das Verfahren gegen uns einzustellen. Wir gingen schmunzelnd umher.

Beruhigend, dass die Judikative und die vierte Säule unserer Demokratie, die Presse, mit uns waren. Und wie ermutigend, dass uns so viele Solidaritätsbekundungen aus der ganzen Republik erreichten. Nur der Bürgermeister erklärte im Mai 2021 zur Einstellung des Verfahrens öffentlich, er halte seine Strafanzeige weiterhin für gerechtfertigt. Wir machten weiter. Unternahmen weitere Aktionen für die Verkehrsberuhigung.

© Thomas Eisenkrätzer

Erneut ernteten wir Angriffe und Einschüchterungsversuche. Wir suchten echten Dialog auf Augenhöhe. Weil wir immer noch ohne Antworten auf unsere konkreten Vorschläge blieben, sowohl zu den Radwegen als auch zur Verkehrsberuhigung, gingen wir Ende September 2021 mit dem nicht länger hinnehmbaren maroden Zustand unseres Bahnhofs direkt an die Öffentlichkeit. Wir erfuhren erneut Ausgrenzung. Auf Dorothees Bitte um ein Gespräch schrieb der Bürgermeister, er sehe zwar keinen Gesprächsbedarf, wolle sich einem Gespräch aber nicht verweigern. Nach den Herbstferien bekräftigen wir unseren Gesprächswunsch. Bis zum Redaktionsschluss lag uns kein Terminangebot vor.

Es ist eine Frage des Demokratieverständnisses. Es ergeht uns wie der *Generationenstiftung*, wie *Fridays for Future*, wie den verzweifelten jungen Menschen von »Aufstand der letzten Generation«, die sich in Hungerstreik begaben. Ihnen allen wird echter Dialog verweigert. Wir sind nicht naiv und wir wollen niemanden erpressen. Wir sind verzweifelt. Wir wollen eine lebenswerte Zukunft für die kommenden Generationen.

Die Institutionen sind gar nicht in der Lage, den überlebensnotwendigen Wandel ohne echten Dialog mit der Bevölkerung herzustellen. Es ist mit dem Neuen wie mit der Erde, die es dem Frühling schwermacht, wenn er kommen will. Jetzt, zu Beginn dieser neuen Erd-Epoche, fehlt einer Mehrheit unserer Repräsentant*innen offenkundig (noch) das Vorstellungsvermögen für die Dringlichkeit. Doch Politik- und Politiker*innen-Verdrossenheit bringt uns nicht weiter. Jeder Mensch ist politisch. Wir alle wirken mit am Erdgeschehen, organisieren unser Dasein so oder so. Wir alle sind mitverantwortlich für unsere Zeit. Im Rückblick werden es nicht mehr oder weniger fähige Repräsentant*innen gewesen sein. Wir alle werden es gewesen sein. Es geht jetzt um eine große gemeinsame weltweite Anstrengung und dabei in erster Linie darum, dass wir JETZT alle *von uns aus* anders leben – in unserer Stadt, in unserer Region.

Frau Geduld ist am Ende. Es ist keine Zeit mehr. Wir machen jetzt ganzjährig Altweibersommer. Wir werden weiter weben in diesem Zwischenraum, in dem die Chancen für die jetzt notwendigen gesellschaftlichen Übereinkünfte wachsen. Einmischung ist die einzige Möglichkeit, an vielen Stellen erstarrte »Gemeinwesen« wiederzubeleben – von Brüssel über Berlin und Schleswig bis Trollhättan und zurück. Wir handeln *von uns aus*. Das ist ein gutes Gefühl. Wir gehen schmunzelnd umher.

1 »Wir sind nicht hoffnungslose Idioten der Geschichte, die unfähig sind, ihr eigenes Schicksal in die Hand zu nehmen. Das haben sie uns jahrhundertelang eingeredet. Viele geschichtliche Zeichen deuten darauf hin, dass die Geschichte nicht einfach ein ewiger Kreisel ist, wo immer nur das Negative triumphieren muss. Wir können eine Welt gestalten, wie sie die Welt noch nie gesehen hat, eine Welt, die sich auszeichnet, keinen Krieg mehr zu kennen, keinen Hunger mehr zu haben. Ich bin kein Berufspolitiker, aber wir sind Menschen, die nicht wollen, dass diese Welt diesen Weg geht, darum werden wir kämpfen und haben wir angefangen zu kämpfen.« Rudi Dutschke (1967) in seinem berühmten Interview mit Günter Gaus.

UTE SCHEUB

Re:Generation!

Ein Brief an mein Vorbild, die feministische Publizistin
Hedwig Dohm (1831–1919).

»Glaube nicht: Es muss so sein, weil es nie anders war.
Unmöglichkeiten sind Ausflüchte für sterile Gehirne.
Schaffe Möglichkeiten.«
Hedwig Dohm

Liebe Hedwig,
wann Du als feministische Publizistin diesen wunderbaren Satz formuliert hast, weiß ich nicht genau. Es dürfte auf jeden Fall vor über hundert Jahren gewesen sein. Deine Parole ist auch mein Motto als Geburtshelferin für ökosoziale Projekte und Geschichten des Gelingens. Deine Haltung, Möglichkeiten zu schaffen, ist der Kern dessen, was heute »kritisch-konstruktiver Journalismus« heißt.

Du hast ab 1873 als eine der Ersten in deutschen Landen vehement für das Frauenwahlrecht gestritten. 1918, mit knapp 87 Jahren, hast Du noch erleben dürfen, wie Frauen das erste Mal wählten – keineswegs immer die richtigen, gelle? »Zu spät, zu spät«, sollst Du frustriert kommentiert haben – vielleicht ahnend, dass nicht wenige dieser undankbaren Weiber frauenfeindliche Reaktionäre und später sogar Nazis wählten. Und dennoch: Heute ist wissenschaftlich belegt, dass eine Parlamentarierinnen-Quote von mindestens 30 Prozent die innen- und außenpolitische Gewalt in Nationen deutlich senkt. Im Reichstag der Weimarer Republik saßen nie mehr als 8 Prozent Frauen. Im heutigen Bundestag sind es 34 Prozent – Quote knapp übererfüllt, aber Du würdest dennoch schimpfen: »Von 8 auf 34 Prozent in 103 Jahren, das ist kein Fort-Schritt, sondern ein Tippel-Tippel-Trippel von 0,26 Prozent mehr Frau pro Jahr!«

»Menschenrechte haben kein Geschlecht« – dieser Satz von Dir ist berühmter geworden als Du selbst. Und brauchte dennoch fast hundert Jahre, um global zumindest auf dem Papier realisiert zu werden: »Frauenrechte sind Menschenrechte«, heißt es seit 1999 in der UN-Frauenrechtskonvention. In Deinem 1902 veröffentlichten Buch »Die Antifeministen« hat Du Dich lustig gemacht über Herrenrechtler und rechte Herren, die nur deshalb vom »schwachen Geschlecht« schwadronieren, weil sie selbst schwach sind und vor Frauen erzittern. Und lange vor Simone de Beauvoir und ihrem Billig-Abklatsch Alice Schwarzer warst Du die erste Gender-Theoretikerin, die scharfsinnig erkannt hat, dass es keine »Natur« des Weibes gibt. Ich zitiere Dich: »Ist der Mann von heute etwa ein natürliches Produkt der Schöpfung? Nicht eben so wie die Frau ein durch bestimmte soziale Bedingungen historisch Gewordenes?«

Du bist 1831 in Berlin geboren und als viertes von 18 Kindern nicht auf Rosen gebettet aufgewachsen. Deine Brüder durften das Gymnasium besuchen, Du Hochbegabte aber nicht. Erst nachdem Deine fünf Kinder erwachsen und Dein Mann gestorben war, der Kladderadatsch-Chefredakteur Ernst Dohm, hast Du angefangen, Novellen, Lustspiele, Romane und Artikel zu schreiben, fast wie am Fließband. Du hast witzig und geistreich formuliert, Deine Romane aber waren fast immer Geschichten des Scheiterns – wie die Frauenschicksale von damals eben. Dein Aufruf von 1902 passt indes noch immer: »Mehr Stolz, ihr Frauen! Der Stolze mag mißfallen, aber man verachtet ihn nicht. Nur auf den Nacken, der sich beugt, tritt der Fuß des vermeintlichen Herrn.«

Ich habe 1978/79 die taz mitgegründet und darin das erste Ökologie-Ressort der Republik, später war ich unter anderem Frauenredakteurin. Am Anfang wimmelte es in der Redaktion von männlichen Maulhelden. Bis alle taz-Frauen 1980 in den Streik traten. Und auf dem taz-»Plenum« kollektiv ihre Busen entblößten, um in der Windstille der männlichen Verblüffung die erste Frauenquote der

Republik durchzusetzen. Von der *taz* wanderte sie zu den Grünen, zur SPD, in die Wirtschaft. Im Bundestag aber, siehe oben, blieb sie stecken.

Etwa 20 Jahre lang habe ich in der *taz* »bad news« geschrieben, in der Hoffnung, dass Aufklärung über Missstände zu Empörung und Veränderungen führen würden. Was für eine Illusion. Wusstest du, dass schlimme Nachrichten bei empathischen Menschen einen Zustand hervorrufen, der einer Posttraumatischen Belastungsstörung ähnelt? Dennoch ballern die meisten Medien ihr Publikum mit Katastrophen-News zu. Sie schaffen keine Möglichkeiten in deinem Sinne, sie zeigen nicht, wie Zustände zu ändern wären, sie lassen uns hilflos und apathisch zurück. Sie sind Ohnmachts-Fabriken.

Als ich ein Kind bekam, ging ich auf Teilzeit, später verließ ich die *taz*. Zwei Babys an meiner Brust waren zu viel: die taz als mein erstes Kind, mein Sohn als zweites. Damals erlebte ich ein Scheitern, heute sehe ich das als Beginn eines neuen Gelingens. Inzwischen habe ich 23 Bücher und unzählige Texte geschrieben, fast alle in der Haltung der »kritisch-konstruktiven Journalistin«, die den »bad news« die »good news« hinzufügt, den Problemen die Lösungen und die Möglichkeits(t)räume.

Ich bin auch nicht auf Rosen gebettet aufgewachsen. Mein Nazivater hat sich 1969 auf dem Stuttgarter Kirchentag vor rund 2 000 Menschen öffentlich umgebracht. 2006 veröffentlichte ich eine Biographie über ihn und seine Generation der schweigenden Täter. Auch er war ein Männerrechtler und rechter Mann, der seine Schwächlichkeit unter Herrschaftsgehabe versteckte, überzeugt, dem weiblichen Geschlecht mannshoch überlegen zu sein; seine Frau und seine Tochter ließ er das gnadenlos spüren. Ich war für ihn nicht existent. Es tat verdammt weh, ein Loch in der Luft zu sein. Erst als ich darauf stieß, dass auch er ein Ungeliebter gewesen war, ein Opfer der schwarzen Prügelpädagogik und des religiösen Erlöserwahns, fiel eine Last von mir ab. Das entschuldigt diesen Nazi nicht, aber erklärt ihn: Er sah zuerst Jesus als Erlöser, dann Adolf, und als sich Adolf umgebracht hatte, wieder Jesus. Als ich das letzte Kapitel seiner Biographie beendet hatte, erlebte ich, wie sich mein Gehirn in einer Nacht umbaute. Ich schlief sehr unruhig, wachte ständig auf und dachte immer wieder: »Aha, hab endlich verstanden – abgehakt. Verstanden – abgehakt.« Am nächsten Morgen strömte eine neue Energie wie Sauerstoffperlen durch meine Adern. Und hielt jahrzehntelang an. Eine Lebensblockade war aufgelöst.

Das lehrte mich, das Glas halbvoll zu sehen statt halbleer. Und seitdem schreibe ich lieber über Friedensfrauen statt über Kriegsmänner, über Klimalösungen statt über Weltuntergänge. Ich will Menschen ermutigen. Zeigen, dass wir den Planeten re:generieren können. Wir haben riesige Möglichkeiten, wenn wir die Ohnmachtsfabriken hinter uns lassen und unser Leben, unsere Wirtschaft und Politik re:generativ gestalten. Re:generativ im Doppelsinne der Heilung und der Generationen, die noch kommen werden.

Mit meiner Freundin und Kollegin Annette Jensen zusammen habe ich 2009 und 2010 drei *taz*-Ausgaben voller Geschichten des Gelingens zusammengestellt. Etwa über ägyptische Nachbarn, die sich gegenseitig Geld liehen und Banken ersetzten. Über das Bruttosozialglück in Bhutan. Über die matriarchalischen Mosuo in China, wo es Männern besser geht als hierzulande, und Frauen und Kindern sowieso. Die Ausgaben waren hochbeliebt und schnell ausverkauft. Vielleicht hat das Neid geweckt. Bei der geplanten vierten Ausgabe machte uns der zuständige Redakteur das Leben so schwer, dass wir hinschmissen. Unsere Geschichten des Gelingens wurden zum persönlichen Scheitern.

Wir waren frustriert – und umso glücklicher, als wir 2012 als freie Autorinnen bei *FUTURZWEI* anheuern konnten. Etwa ein Drittel aller Storys der Anfangszeit stammte von uns. Und dann? Nach und nach begann die Entfremdung. Der Chef meinte, wir hätten genug geschrieben, nun sollten Jüngere ran. Die M... – oh, das ist politisch unkorrekt, von mir aus also: Die Möhrchen hatten ihre Schuldigkeit getan, die Möhrchen können gehen.

Und auch ich selbst empfand die Geschichten des Gelingens auf der Website von *FUTURZWEI* zunehmend – sorry – als langweilig. Mir fehlte die Meta-Ebene, die Reflexion darüber, wie all diese netten, aber doch kleinteiligen Initiativen sich zur nötigen großen Transformation verknüpfen könnten. *FUTURZWEI* ist der Sprung von KleinKlein auf GroßGroß nie gelungen, finde ich, auch als Zeitschrift nicht. Interviews mit den immergleichen »Promis« ließen mich hungrig zurück.

Ich bin dann meiner eigenen Wege gegangen. Habe das ungeheure Klimapotenzial von re:generativer Landwirtschaft entdeckt und mehrere Bücher darüber verfasst. Solche Agri-Kultur zeigt einen echten Ausweg aus der Klimakatastrophe, löst aber nicht das Grundproblem der Moderne: den HöherSchnellerWeiterismus, diese toxische Melange aus Patriarchat, Kapitalismus und Expansionismus.

Ich glaube, Du würdest heute beißenden Spott ausschütten über Diktatoren und Superreiche, die wie kleine Jungs auf dem Schulhof sich überbieten, wer den Längsten hat. Über Atomraketen und Penisparaden von Putin, Xi Ping, Trump und Kim Jong Un, über Weltraumrennen von Jeff Bezos und Richard Branson, über den hechelnden Wettbewerb der Ölmagnaten, wer die längste Yacht oder den höchsten Wolkenkratzer baut. So ein Milliardär verursacht mit einem einzigen Zehn-Minuten-Weltraumflug mehr Treibhausgase als eine Person aus dem Globalen Süden in ihrem ganzen Leben. Die Enteignung der Superreichen und Supermächtigen wäre Super-Klimaschutz.

Seit ungefähr 2020 hat die menschen- und vor allem manngemachte tote Masse auf dem Planeten – Siedlungen, Maschinen, Plastik – erstmals dessen Biomasse übertroffen. Seine Lebendigkeit und Fruchtbarkeit sind schwer gefährdet. Dabei wäre laut der Klimaorganisation »Drawdown« die Gleichstellung von Frauen und Mädchen neben re:generativer Landwirtschaft die wichtigste Klimamaßnahme überhaupt. Eine bessere Ausbildung von Mädchen, Zugang zu Verhütungsmitteln und Förderung von Kleinbäuerinnen könnten zusammengezählt die Treibhausgase um sagenhafte 121 Gigatonnen reduzieren und die Fruchtbarkeit der Äcker und Landschaften retten. Deshalb brauchen wir Visionen, Träume, Utopien einer fürsorglichen und lebensdienlichen Welt. Diese Dimension fehlte mir bei den Geschichten des Gelingens, und darum gefällt mir Dein Motto so gut: »Schaffe Möglichkeiten«. Utopisches Denken muss trainiert werden wie ein Muskel. Viele haben das im neoliberalen Konkurrenz- und Kampf-Klima verlernt; ihr Sehmuskel für Visionen ist verkümmert.

»Weibliche« Kooperation statt »männlicher« Konkurrenz – Du hast selbst darauf hingewiesen, dass diese Rollen nicht biologisch festgelegt, sondern sozial entstanden sind. Doch männliche Machokrieger konkurrieren sich in Politik, Militär und an den Börsen weiter gegenseitig in Grund und Boden. Wenn die Menschheit das 21. Jahrhundert überleben will, braucht sie stattdessen eine re:generative Wirtschaft, die lebendige Biomasse statt toter Technologie fördert, in einem »weiblichen« Klima der globalen Kooperation.

Es entsteht gerade, jawoll. Ach, wie wärest Du stolz auf die *Fridays for Future*. Mädchen und junge Frauen führen weltweit eine Bewegung an, die jetzt schon einflussreicher ist, als die »68er« es je waren. Vielleicht wird das die größte Bürgerbewegung aller Zeiten.

Nun bin ich ins Erzählen gekommen, liebe Hedwig. Ich möchte mit dem Zitat eines klugen Mannes schließen – denn die gab und gibt es ja auch: »Denken heißt Überschreiten«. Ohne Dein Denken und Tun wären wir nicht da, wo wir heute sind. Und so hoffe ich, dass sich ein Gedanke durchsetzt: Die Erde zu re:generieren, statt den Mars elonmuskmäßig zu besiedeln – das wäre die größte denkbare Geschichte des Gelingens.

Ich grüße Dich herzlich über die Zeiten hinweg!
Deine Ute

HAIKE RAUSCH UND TORSTEN GROSCH

botanoadopt® – Speedy Twins

Orchidee. Orchidaceae.

Das Duo ist Fan von Speedy Gonzales und hat eine Methode des Speed-Blühens entwickelt. Zuerst dachten die beiden, ihrer Gattung auf diese Weise ein Dauerblühen – und somit das Überleben – zu sichern. Doch nach mehreren Selbstversuchen stellten sich massive stressbedingte Nebenwirkungen ein, so dass sie ihren Plan verwarfen und nun Achtsamkeitstraining für Pflanzen anbieten. Sie leben in Frankfurt / Main, Deutschland.
www.botanoadopt.org

CHRISTIAN HISS

Ungeborgen geborgen

Ich suche nicht – ich finde!

Suchen – das ist das Ausgehen von alten Beständen
und ein Finden-Wollen von bereits Bekanntem im Neuen.
Finden – das ist das völlig Neue!
Das Neue auch in der Bewegung.
Alle Wege sind offen und was gefunden wird, ist unbekannt.
Es ist ein Wagnis, ein heiliges Abenteuer!
Die Ungewissheit solcher Wagnisse können eigentlich nur jene auf
sich nehmen,
die sich im Ungeborgenen geborgen wissen, die in die
Ungewissheit, in die Führerlosigkeit geführt werden, die sich im
Dunkeln einem unsichtbaren Stern überlassen, die sich vom Ziele
ziehen lassen und nicht – menschlich beschränkt und eingeengt –
das Ziel bestimmen.
Dieses Offensein für jede neue Erkenntnis im Außen und Innen:
Das ist das Wesenhafte des modernen Menschen, der in aller Angst
des Loslassens
doch die Gnade des Gehaltenseins im Offenwerden neuer
Möglichkeiten erfährt.
Pablo Picasso

Aus der Ideenwelt

Picassos vorzügliches Zitat habe ich erst vor kurzem entdeckt. Es
bringt mein Lebensgefühl der letzten Jahre auf den Punkt. Mit der
Gründung der *Regionalwert AG Bürgeraktiengesellschaft Freiburg* vor
gut 15 Jahren bin ich ins völlig Offene gegangen und habe gefunden. Unmittelbar nach dem Gründungsakt hatte ich das Bild einer

großen ausgeräumten Landschaft mit fast endlosem Horizont vor meinem inneren Auge, offen für neue und eigenständige Gestaltungsentwürfe. Es fühlte sich großartig und befreiend an. Das Gefühl der Enge und des Überkommenen in den Jahren zuvor löste sich schlagartig auf. So muss es sich für eine Raupe anfühlen, die unter unaufhaltbarem Entwicklungszwang ihre alte Haut abstreift und als Schmetterling davonfliegt.

Für die Unternehmung *Regionalwert AG* gab es in der gesamten Kulturgeschichte kein unmittelbares Vorbild. Sie ist aus der Zukunft entworfen. Sie entstand aus der bildhaft-theoretischen Vorstellung, wie Land- und Ernährungswirtschaft in Zukunft gestaltet werden könnten, um ihrem Zweck der Versorgung der Menschen mit gesunden Lebensmitteln im überschaubar Lokalen und Selbstgewählten gerecht zu werden. Vielleicht lag der ihr zugrunde liegende Gedanke in der Ideenwelt schon vor und ich habe ihn lediglich in die sinnlich wahrnehmbare Welt übertragen. Platon hätte es wohl so gesehen. Nach ihm sind alle Ideen, die den Vorgängen und Dingen der äußeren Wirklichkeit zugrunde liegen, schon immer in der Sphäre der Götterwelt vorhanden. Für diese Sichtweise spricht, dass das unternehmerische Konzept der *Regionalwert AG* an der unentwegt gestellten rhetorischen Frage entstanden ist, die ich bei Sokrates in dem ungefähren Wortlaut entdeckt habe: *Wie soll es denn sein, wenn nicht so, wie es ist?*

Das ist keine gewöhnliche Frage, sie ist ein rhetorisch-geistiger Hebel, der die Macht und die Kraft zur Wendung des Situativen besitzt; sie ist ein Türöffner zur platonischen Ideenwelt mit ihren unendlichen Möglichkeiten; sie ist das Scharnier an der Doppelnatur der Wirklichkeit, dem Innen und Außen, dem Schein und dem Sein. Sie kann ihre Wirksamkeit entfalten, wenn man, wie Heidegger in *Sein und Zeit* beschreibt, sich aus dem Zustand des Geworfenseins befreien und sein Leben in der dritten Seinsform, dem »Sayn«, leben will (Heidegger 2006). Auf diesem Niveau gestaltet das individuelle Ich die Verhältnisse, in denen es lebt, durch die bewusste Handhabe der menschlichen Freiheit selbst.

Konstruktivismus als Vorübung

Durch einen Bekannten bin ich Mitte der 1990er Jahre auf Heinz von Foerster aufmerksam geworden und habe seine Bücher, Schriften und Vorträge intensiv gelesen und gehört. Die Bekanntschaft mit seinem Denken hat wesentlich dazu beigetragen, dass ich dem Geworfensein der bäuerlichen Lebensform zunächst innerlich und dann auch äußerlich entkommen konnte. Sein ethischer Imperativ lautete: *Handle stets so, dass die Anzahl der Wahlmöglichkeiten größer wird* (von Foerster 2022). Heinz von Foerster hat als Biologe und Philosoph stets die Vielfalt der Möglichkeiten, die dem Leben zugrunde liegen, postuliert. Jede Kategorisierung in Deutungs-, Denk- und Handlungsmuster war ihm fremd. Nach seiner Auffassung entsteht Wirklichkeit im Spiel mit unendlichen Möglichkeiten an Ausgestaltungen, jede phänomenologische Ausprägung des Seins ist einzigartig. Über von Foerster bin ich zum Konstruktivismus gekommen. Diese Denkrichtung hat mich in meinen frühen Lebensjahren intensiv beschäftigt. Das war eine überaus spannende Zeit. Man muss sich vorstellen, dass ich als Gemüsegärtner und Landwirt, der täglich und unmittelbar in der natürlichen Außenwelt lebt, mir gleichzeitig vor Augen führe, dass es im Grunde keinen Beweis für die Existenz einer Außenwelt gibt. Alles, was ich erlebe, findet in der eigenen Vorstellung statt. Alles Erleben wird allein durch die eigene Brille, das heißt durch die selbst erstellten Deutungsmuster wahrgenommen. Großartig! Die Konsequenzen dieser Sichtweise auf das eigene Handeln sind dramatisch. Ich werde zu jeder Zeit auf mich selbst zurückgeworfen und kann niemandem anderen die Schuld und Verantwortung an meiner Situation zuschieben.

Interessant war dann auch das Kennenlernen des Subversiven Konstruktivismus, einer abgewandelten Form, die die Muster des Erkennens in genialer Art und Weise mit Aktionskunst hinterfragt und gewohnte Deutungsmuster ad absurdum führt. Darin war bereits Sokrates ein früher Meister. In seiner Apologie deutet er das gegen ihn verhängte Todesurteil auf seine ganz eigene Weise: »Wisst ihr Männer Athens denn, ob das Urteil eine Strafe ist, kann es nicht sein, dass es nach dem Tod angenehmer ist als hier unter euch?« Seine Frau warf ihm vor, er würde sich nicht dagegen wehren, unschuldig verurteilt worden zu sein. Seine lapidare Antwort war: »Wäre es dir lieber, ich wäre zu Recht verurteilt worden?« (Platon 1986).

Ästhetik und was ist wirklich?

Lange Zeit, im Grunde von den frühen 1990er Jahren bis heute, wandere ich im Deutschen Idealismus mit seinen ebenso tiefgründigen wie weitschweifenden Sichtweisen und philosophischen Entwürfen der Wirklichkeitsbetrachtung umher und versuche, von den Gedanken der Geistesgrößen jener Zeit zu lernen. Schopenhauers Werk »Die Welt als Wille und Vorstellung« birgt ebenso wie Schillers »Ästhetische Briefe zur Erziehung des Menschengeschlechtes« grandiose Sichtweisen auf Denk- und Gestaltungsfreiheiten des menschlichen Seins.

Auch bei Friedrich Nietzsche fand ich Gesichtspunkte, die meine Arbeit beeinflusst haben. Zu Nietzsches Sicht auf das Leben und die Welt und was ich von ihm gelernt habe, könnte ich stundenlang referieren. Ich gebe hier nur eine Sache wieder, die vielleicht wichtigste für meine Arbeit: Nach Nietzsche sind Wissenschaft und Wirtschaft in ihrer Logik kalt und hart, mit ihnen geht die Welt unter, weil sie in Erstarrung gerät. Allein das ästhetische Urteil des Menschen, das sich über die Kälte erhebt, ist die Rettung. Kunst erlöst den Menschen und die Welt. Ich interpretierte das für mich so: In jeder Konstruktion und Situation versuche ich, das ästhetische Urteil des Menschen zu ermöglichen oder gar zu provozieren. Keine Form darf sich darüberstellen. Formen sind höchstens dazu da, das offene Spiel des Lebendigen zu organisieren, weil es sonst im Chaos enden würde. Das ästhetische, das heißt das freie Urteil des kreativen Menschen schafft im Spannungsfeld zwischen Form und Spiel den einzig wahren Fortschritt im Persönlichen und Überpersönlichen.

Denkkollektive für das Neue

Alles Philosophieren hilft nichts, wenn man es nicht schafft, das dadurch Erkannte und Bewusstgewordene zur Verbesserung der Verhältnisse, in denen man lebt, konkret einzusetzen und anzuwenden. Dass dies die wohl schwerste Übung ist, haben sicher unzählige Leute schon erfahren. Denken kann man vieles, aber wird das Gedachte auch real? Von welchen Gesetzmäßigkeiten das abhängt, habe ich bei dem Medizinwissenschaftler Ludwik Fleck gelernt. Nach ihm herrschen in allen Disziplinen Denkkollektive vor, in denen automatisch ein Denkzwang vorliegt. Fleck hat dies an seiner Disziplin, der medizinischen Wissenschaft, Anfang des 20. Jahrhunderts am Beispiel der Typhus-Forschung aufgezeigt (Fleck 1980). Aus einem hochvolatilen Anfangschaos wissenschaftlicher Befunde und Ideen setzen sich in einem diskursiven Streit Denkstile durch, die sich dann durch einen sich selbstverstärkenden Prozess zum Denkkollektiv und schließlich zum Denkzwang entwickeln. Diese Denkkollektive proklamieren aus sich heraus Deutungshoheiten über Sachverhalte, für die es auch andere Erklärungen gäbe. Sie sind im fortgeschrittenen Zustand sehr stabil und es ist ihnen schwer beizukommen. Kennt man ihre Funktionsweise, hat man zumindest den Vorteil, klarer zu erkennen, warum man mit seinen eigenen Gedanken, Ideen und Auslegungen von Wirklichkeit, insofern sie vom kollektiven Muster abweichen, an Mauern des Nicht-verstanden-Werdens stößt. Das hilft über manchen Frust hinweg.

Weiterführend ist jedoch vielmehr, sich die Entwicklungsprinzipien solcher Denkkollektive zu eigen zu machen. Die *Regionalwert AG* folgt diesem Prinzip und ist dadurch in den vergangenen 15 Jahren zu einem Schlüsselkonzept für nachhaltige Land- und Ernährungswirtschaft geworden und dafür weithin bekannt. Immer mehr Menschen schließen sich ihr an, ob als Aktionär:in, Partnerbetrieb oder Funktionär:in in der Organisation selbst. Seit circa 2015, also neun Jahre nach Gründung der ersten *Regionalwert AG*, hat aus meiner Sicht der sich selbst verstärkende Prozess eingesetzt. Heute gibt es bereits zehn *Regionalwert AGs* in Deutschland, Österreich und

Luxemburg mit einigen tausend Beteiligten, über 10 Millionen Euro Bürgerkapital und unzähligen Wechselbezügen im Alltag der vielen Partnerbetriebe vom Acker bis auf den Teller. Sie beziehen sich alle auf den Vorschlag aus Freiburg und bauen in ihrer Region eigenständig und doch im Denkstil des Urtyps einen regionalen Wertschöpfungsraum für lokalsouveräne Versorgungswirtschaft auf.

Alles könnte anders sein – aber wie?

Für mich als Gründer der ersten Regionalwert AG ist es interessant zu beobachten, wie die sokratische Urfrage zur Entstehung der Regionalwert AG, nämlich – *Wie soll es denn sein, wenn nicht so, wie es ist?* –, bisher in keiner Regionalwert AG zweifelsfrei gelöst ist und dennoch so viel Konstruktives in der realen Wirklichkeit entstehen konnte. Es scheint so, als würde die Lösung der Frage in der Frage selbst bestehen.

Mit meinem Beispiel will ich zeigen, welche Handlungsspielräume bestehen, um die eigene Geschichte zum Gelingen zu bringen. Dass dabei philosophisches und erkenntnistheoretisches Wissen helfen kann, habe ich versucht, in aller Kürze wiederzugeben. Die Bereitschaft, ins Offene und Ungeborgene zu gehen, ist die Voraussetzung dazu.

JOHANNES MERCK

»Heul doch!«

Jungs weinen nicht! Und Manager haben keine Probleme. So war das früher. Und heute? Heute weinen Jungs genauso wie Mädchen. Und die Manager*innen? Sie haben immer noch keine Probleme. Denn Manager*innen meistern Herausforderungen. Eine Herausforderung ist etwas ganz anderes als ein Problem. Ein Problem ist diffus und potenziell unlösbar, die Lösung entzieht sich dem direkten Zugriff. Eine Herausforderung hingegen ist konkret, die Lösung liegt auf der Hand, das Ziel kann man ins Auge fassen, auch wenn man scheitern kann. Das gibt Nervenkitzel. Das macht Spaß. Sagt dir also ein Manager: Ich stehe vor dieser oder jener Herausforderung, so lautet die Antwort: Good luck! Sagt dir ein Manager: Ich habe ein Problem, so lautet die Antwort: Heul doch!

Der Verfasser dieser Zeilen war 30 Jahre lang in einem internationalen Konzern, der *Otto Group*, für die Integration von Nachhaltigkeit in die Geschäftsprozesse verantwortlich. Das liegt nun hinter mir. Heute arbeite ich nicht mehr kommerziell getrieben, sondern für einen Arbeitgeber, der sich dem Gemeinwohl verschrieben hat – mit der *Umweltstiftung Michael Otto* und mehreren anderen Stiftungen. Dieser Erfahrungshintergrund zweier Welten lädt dazu ein, das Frustpotenzial hüben und drüben miteinander zu vergleichen. Ich bin gespannt.

Die drei Jahrzehnte zwischen 1990 und 2020 werden dereinst als die Zeit beschrieben werden, in der die Menschheit ihre Zukunft verspielt hat. Das Leben wird weitergehen – das ist gewiss. Aber die Rahmenbedingungen unserer menschlichen Existenz auf dem Planeten Erde haben sich bereits verändert und sie werden sich weiter verändern. Wie es mit der Menschheit und unserer Zivilisation in Zukunft weitergeht, ist ungewiss. Diese Gestaltungsaufgabe steht auf den To-do-Listen der amtierenden Generation. Die Zeichen stehen auf Anpassung. Mit ungewissem Ausgang. Ich hätte das meinen Kindern gerne erspart.

Es ist aber anders gekommen und das sogar mit Ansage. Es ist viel darüber gesagt und geschrieben worden, dass wir alles an Information, Lösungskompetenz und Finanzkraft beieinander hatten, um frühzeitig umzusteuern und einen scharfen Bruch zu vermeiden. Auch darüber, warum wir es unterlassen haben. Das ist hier nicht das Thema. Es genügt zu wissen, dass es vermeintliche Zwänge gab: ökonomische, politische, technische. Im Ergebnis war es ein dauerndes »zu wenig« und »zu langsam«. Wirksamkeit und Umsetzungsgeschwindigkeit – das waren die Messgrößen auf unserem Tourenzähler. Wir sind nicht genug auf Touren gekommen.

Die Konditionierung bei Manager*innen, die Dinge lösungsorientiert zu betrachten, steigert die Produktivität – und sie schützt vor Frustration. Für diese Qualifikation nehmen die Unternehmen viel Geld in die Hand. Methoden-Know-how zur Strategieentwicklung, Konzeption und Umsetzungsplanung werden trainiert, der rasante Wandel der technischen und administrativen Prozesse wird didaktisch aufbereitet und systematisch vermittelt. Eine moderne Personalentwicklung investiert zusätzlich erhebliche Mittel, um die psychische Widerstandskraft ihrer Führungskräfte zu stärken. Das entsprechende Seminarangebot umfasst viele Themen: Von »Achtsamkeit in der modernen Arbeitswelt« bis »konsequenzfreie Harmoniekultur versus konstruktive Konfliktkultur«. Und jedem Mitglied des Top-Managements steht bei Bedarf ein persönlicher Coach zur Seite. Mit gutem Grund: Zustände seelischer Erschöpfung, vulgo Burnouts, sind auf allen Führungsebenen nicht selten.

Wenn man also viele Jahre im Top-Management eines Großunternehmens tätig war, sollte man kulturell und intellektuell, kognitiv und emotional hinlänglich dagegen gewappnet sein, dem Frust nicht zu erliegen.

Aber ist das tatsächlich so? Nun ja, meistens. Und ist das auch bei Corporate-Responsibility-Managern so? Nein. Denn CR-Manager sind eine besondere Spezies. Warum? Weil sie verschiedene, teilweise widerstreitende Rollen spielen und deshalb besonderen Ansprüchen und Anforderungen ausgesetzt sind.

Mindestens vier Rollen muss der CR-Manager beherrschen: die des Missionars, des Beraters, des Controllers und des Berichterstatters. Er muss also auf der emotionalen Klaviatur ebenso virtuos spielen können, wie auf der rationalen. Besonders das Missionieren, also das Werben, Bitten, Überzeugen für eine Aufgabe, die fernliegend erscheint, ist eine Schlüsselqualifikation. Das war damals nicht anders als heute. Nachhaltigkeit gilt zwar nicht mehr als Ökospinnerei sondern als Kernkompetenz moderner Unternehmensführung, trotzdem rennt man als CR-Verantwortlicher noch immer gegen die Wand der kurzfristigen Ergebnisorientierung. Ohne feste Überzeugungen kann man diese Wand nicht durchbrechen. Ein CR-Manager muss brennen. Jedenfalls in einem solchen Maße, dass er die Aufmerksamkeit seiner Kollegen von dem Offensichtlichen weglenken und auf das richten kann, was in der von angenommenen und tatsächlichen ökonomischen Zwängen geprägten Lebenswirklichkeit eines Unternehmens bis vor kurzem noch fast keine Rolle spielte: die ökologische und soziale Nachhaltigkeit.

Das ist das eine. Für entsprechende Maßnahmen Geld und Arbeitskraft loszueisen ist das andere. Auch das ist kein Spaziergang, denn es ist ein Operieren in engsten Spielräumen. Wer das Unternehmen nicht genau kennt und die verschiedenen Akteur*innen mit ihren Befindlichkeiten nicht richtig einzuschätzen weiß, der kann ihnen auch nicht den Rat geben, der dabei hilft, ihre Arbeitsabläufe möglichst effizient zu optimieren und die zusätzliche Komplexität des Handelns auf ein Minimum zu begrenzen. Das ist im Aufgabenportfolio des CR-Managers die Rolle des Beraters. Hier gilt es Kompromisse zu machen. Zu viel Herzblut sollte man aber nicht investieren. Das könnte auf der langen Strecke der Kompromisssuche allzu schmerzlich werden. Und hat der CR-Manager es dann geschafft und machen sich die Kollegen mal mehr oder mal weniger begeistert an die Arbeit: Dann kommt er – drittens – auch noch als Kontrolleur um die Ecke und will Daten und noch mehr Daten und einer wissbegierigen Stakeholder-Community alles berichten und transparent machen (und seien es auch die gut verborgenen Leichen im Keller).

Dies ist die vierte Rolle des CR-Managers, und sie ist kein unwesentlicher Treiber potenzieller Frustration: die des öffentlichen Berichterstatters. Was das Unternehmen für die nachhaltige Organisation seiner Wertschöpfungsketten tut oder auch nicht, muss der heterogenen und sich mit denkbar unterschiedlichen Erwartungen an das Unternehmen wendenden Interessengruppe aus Investoren, Medienvertretern, NGOs und Kundengruppen glaubwürdig erläutert werden. Will man authentisch bleiben, kann man es sich heute mit dem einen oder morgen mit dem anderen verderben. Denn auch der Sachverhalt ist äußerst komplex und das Publikum ist streng. Stets schwebt der Vorwurf des Greenwashings im Raum. Die Loyalität des CR-Managers gehört dem Arbeitgeber – das kann gar nicht anders sein. Gleichwohl muss auch der Wahrheit die Ehre gegeben werden. Das kann schon mal knifflig werden. Everybody's Darling kann man dabei wohl weder nach innen noch nach außen werden. Wer auf den Applaus seiner Mitmenschen zielt, sollte besser nicht CR-Manager werden.

Wie bin ich mit dem ständig lauernden Frust fertiggeworden? Das Privileg, in einem Familienunternehmen zu arbeiten, möchte ich hier nicht unterschlagen. Denn wenn ich auf diese Frage antworten kann: »Gut!«, dann liegt das vor allem an der hohen Wertschätzung meiner Arbeit, die es letztlich durch klare Vorgaben der Eigentümerfamilie gab. Das heißt nicht, dass man nicht auch in solch einem Unternehmen der typischen und herablassenden, bis zum Sarkasmus reichenden Süffisanz begegnet ist, mit der »Gutmenschen« lange verspottet wurden. Da muss man dann eben gegenhalten – normale Härte, Männer weinen nicht! Dabei hat geholfen, dass die engen Spielräume für CR-Maßnahmen, die mit dem wirtschaftlichen Erfolg oder Misserfolg »atmen« – also bei guter Ergebnislage wachsen und bei schlechter Ergebnislage schrumpfen –, sich bei *Otto* immer ein wenig ausdehnten. Relativ war also immer etwas mehr drin, als es an anderer Stelle möglich gewesen wäre. Und geholfen hat es natürlich auch, dass sich immer wieder Mitstreiter*innen fanden, mit denen man nicht gerechnet hatte: der Chef der Frachtabteilung, der einen missionarischen Kampf gegen die Luftfracht führte, die Einkäuferin von Kinderbekleidung, die viel mehr als nur einen guten Teil ihrer Arbeitszeit in die Erprobung neuartiger Naturfasern investierte, der Marketingleiter, der mit immer neuen Instrumenten und Botschaften versuchte, Kundinnen und Kunden den Kauf von Nachhaltigkeit nahezubringen.

Haben unsere Anstrengungen ausgereicht? Natürlich nicht. Da reicht schon ein Blick auf das über die Jahre nach vorn rückende Datum des *World-Overshoot-Day*. Die globalen Verhältnisse waren schlecht und wir konnten sie nicht nachhaltig verbessern. Menschenrechte in der Lieferkette, nachhaltige Rohstofferzeugung, CO_2-freie logistische Systeme – keine dieser Aufgaben konnten wir bis heute nachhaltig lösen. Noch nicht einmal eine im Testlauf tadellos funktionierende Allianz zur Durchsetzung von CO_2-Sparmaßnahmen in der Lieferkette konnten wir dauerhaft aktivieren. Und da soll man nicht vor Frust in die Tischkante beißen?

Aber wenn sich ein milliardenschwerer Konzern in Bewegung setzt, dann passiert auch nicht nichts. Wirkungslos bin ich in dieser Rolle nicht geblieben. Es gab Erfolge, zum Beispiel 1996 der erste Katalog auf chlorfrei gebleichtem Papier, 2002 den Abschluss einer ersten Qualifizierungsrunde zur Durchsetzung von Sozialstandards in der Textilindustrie von Bangladesch; oder 2005 die Aufnahme der ersten 36 000 Kleinbauern in das Qualifizierungsprogramm von *Cotton made in Africa*; oder 2019 das Erreichen unseres Ziels einer Reduktion der eigenen CO_2-Emissionen um 50 Prozent. Solche Erfolge wurden auch kraftvoll gefeiert. Mit anderen ausdauernd an einem Strang zu ziehen ist ein ziemlich wirkungsvolles Anti-Frust-Mittel. Es hat nicht gereicht – aber schön war es doch!

Ja, wenn solch unmittelbarer »Impact« gelingt, dann ist das sogar sehr motivierend! In meiner neuen Rolle kann ich diesen so nicht mehr genießen. Aber dafür gehöre ich jetzt per se zu den »Guten«. Und in einer Organisation, die nicht kommerziellen Zielen verpflichtet ist, gehöre ich vor allem nicht mehr zu einer Minderheit derjenigen, die das Kommerzielle mit dem Moralischen zusammenzwingen müssen. Stattdessen bin ich in einem homogenen Umfeld: Alle Kolleg*innen wollen das Gleiche. Das verschafft automatisch Nestwärme, die man sich im Unternehmen erst gezielt suchen musste. Emotional macht das einen großen Unterschied. Und praktisch?

Als Vorstand einer gemeinnützigen Stiftung ist meine Wirkungsweise heute eher mittelbar. Wenn wir also annehmen, dass sich das größte Frustpotenzial aus einem Gefühl relativer Wirkungslosigkeit und der langsamen Veränderungsgeschwindigkeit schöpft – dann kann es mir auf der Seite einer Stiftung emotional eigentlich nur schlechter gehen. Wir müssen immer nach einem Hebel suchen: Implementierungspartner für die operative Durchführung von Naturschutzprojekten; Know-how-Träger für gesellschaftspolitische Dialoge und die Entwicklung tragfähiger Konzepte; Multiplikatoren für die Mobilisierung von Öffentlichkeit; politische Entscheidungsträger für die Gestaltung von Rahmenbedingungen; etc. Wie weit die Anstöße reichen, wen sie mitreißen, ist nicht messbar. Andererseits ist die Freiheit größer, kann man weiter vorausdenken.

So halten sich die Erfahrungen über dem Level von Frustrationspotenzial hüben und drüben die Waage: Im Unternehmen ist dies das schwierige Austarieren des wirtschaftlich Machbaren mit dem umwelt- und sozialpolitisch Wünschbaren. Der Schwierigkeitsgrad hierbei steigt mit dem Maß an eingesetztem Herzblut. Aber die unmittelbare Wirksamkeit ist ein fairer Lohn – so keep calm and carry on!

Und in der Stiftung bietet das Gefühl, auf der richtigen Seite zu stehen, einen Schutzschild gegen das Gefühl von Verzagtheit und Nutzlosigkeit. Wohin ich mich wende – ich stoße auf Gleichgesinnte. *So let's stay together, become more – and rock it!*

THORSTEN TRIETSCH

Mit Hosenträger und Gürtel

Am 1. Februar 2012 war es in Berlin abartig kalt. Bei irgendwas um minus zwölf Grad waren wir – Werner Marschall und ich als Repräsentanten der Designagentur *LINIENLAND* – auf der Suche nach einem Frühstück. Von den Feierlichkeiten der *FUTURZWEI*-Gründung verkatert und für den Berliner Winter viel zu dünn angezogen, fanden wir, nach etwa acht Fehlversuchen, ein Café mit Platz für durchgefrorene Seelen. Endlich Wärme, Cappuccino und Croissants – gut, der Tag schien auf dem Weg zur Besserung.

Zumindest für diesen Moment. Dann klingelte das Handy. Harald Welzer war am anderen Ende. Es sei ernst, sagte er. Allerhand Leute meldeten sich bei ihm, die meinten, die Website funktioniere nicht. Das müsse sich ändern. Sofort! Ende des Gesprächs. Selten hatte ich einen so schmallippigen Anruf bekommen. Kacke!

Dabei fing doch alles so gut an: Ein halbes Jahr zuvor war uns die Stiftung *FUTURZWEI* als Kundin quasi in den Schoß gefallen. Wir – die kleine Designagentur aus Offenbach – hatten zu diesem Zeitpunkt gerade ein überschaubares Projekt für eine Darmstädter Initiative realisiert, die Kreativschaffende an Schulen vermittelt und dies natürlich auch finanziert.

Die Geldgeber*innen, ein sehr wohlhabendes Darmstädter Ehepaar, waren angetan und schlugen uns als Webdesignagentur der sich in Gründung befindlichen Stiftung *FUTURZWEI* vor.

Ich wurde zu einer Skype-Konferenz mit Dana Giesecke und Harald Welzer eingeladen, von denen ich bis zu diesem Tag noch nie etwas gehört hatte.

Briefing: Die bisherige Agentur – ein echter Kreativ-Platzhirsch aus dem Rhein-Main-Gebiet – trampelte anscheinend auf eingelaufenen Pfaden. Von wegen Kreativität. Man habe dort den disruptiven Charakter des Projekts *FUTURZWEI* nicht verstanden und wolle es scheinbar auch nicht. Man suche nun einen Partner, der wirklich eine komplett neue Art Website entwickelt. Nonkonformistisch, unbequem und explorativ.

»Es geht um nichts weniger als die Revolution«, sagte Welzer und fragte, ob wir denn die Richtigen dafür seien. »Na klar«, sagte ich. »Genau unser Ding«, und glaubte das in diesem Moment selbst.

Wieder in der Agentur war Euphorie angesagt. Bestes Projekt, coole Leute, sogar anständiges Budget. Normalerweise fehlte mindestens einer diese Faktoren. Diese *FUTURZWEI*-Idee war wirklich geil und hinzu kam noch die zu erwartende Popularität. Dieser Welzer schien eine große Nummer zu sein: mit großer Reichweite, stets in Feuilletons und im Fernsehen präsent.

Die nächsten Wochen wurden anstrengend. Die Timeline war echt straff. Wir befanden uns Ende September 2011 und die ganze Nummer sollte am 1. Februar 2012 live gehen. Unverschiebbare Deadline. Wir legten also los. Die erste Kreation war gleich ein Volltreffer: Giesecke und Welzer fanden sie auf Anhieb »edgy«.

Welzer beschrieb die Idee für die Oberfläche der neuen Webseite später so: »Eine Art Wüste, in der man sich so lange bewegen muss, bis man zusammengeknüllte Papiere findet. Und wenn man die entfaltet, bekommt man ›Geschichten des Gelingens‹ zu lesen.«

Also fanden wir unser Design dann auch geil und einzigartig. Nur hatten wir keinen blassen Schimmer, wie wir dieses unkonventionelle Projekt technisch »auf die Kette« kriegen sollten. Zum Glück stieß in genau diesem Moment ein hochbegabter, junger, spanischer Programmierer zu uns, der vor den Auswirkungen der Finanzkrise in seiner Heimat nach Frankfurt am Main geflohen war. »Ningún problema«, sagte er.

Zunächst lief es gut. Auch ist es ja normal bei fancy Technikprojekten, dass nicht alles gleich perfekt läuft. Unsere Webseite lief zuerst auch nur auf einem Browser und nur auf einem Betriebssystem, aber dort eben so gut, dass kurz vor Weihnachten 2011 alle beruhigt waren.

So etwa drei Wochen vor dem Launch schwitzten wir dann aber doch noch einmal ganz ordentlich, zumindest in Offenbach. Unsere Berliner Kundin verließ sich da ganz auf uns und war wohl auch mit anderen Dingen beschäftigt.

Etwa so um den 25. Januar 2012 beschloss ich dann wiederum, mich ganz auf unseren Coder zu verlassen. Außerdem musste ich mich auf unseren Auftritt auf dem Launch-Event vorbereiten. Das sollte ein großes Ereignis werden, vor viel Publikum, mit Moderation und allem Drum und Dran. Dana Giesecke zählte voll auf mich. Ob denn mit der Präsentation alles glatt liefe, wollte sie wissen. »Na klar«, sagte ich, »Präsentationen sind genau mein Ding«.

Am 31. Januar 2012 fuhren wir zu zweit nach Berlin. Für die Zugfahrt hatten wir 1. Klasse-Tickets geschossen, was dazu führte, dass wir mit den Darmstädter Mäzenen in einem Abteil saßen. Sie fanden uns toll und unglaublich kreativ; sie lobten uns über alle Maßen. Man könne es gar nicht erwarten, die Website auch auf dem iPad zu erleben. Was sie nicht ahnten: Der technische Stand der Website war meilenweit von einer Tablet-Bedienbarkeit entfernt. Es drückte uns tiefer in die 1. Klasse-Sitzpolster.

Das Einzige, womit ich im Nachhinein punkten konnte, war die Masse an Hardware und Fallback-Lösungen, die wir im Gepäck hatten. »Ich reise immer mit Hosenträgern und Gürtel«, sagte ich zu Dana Giesecke als wir ankamen. Sie war sichtlich beeindruckt. Da wusste Giesecke ja auch noch nicht, dass wir am Ende auf einem alten Windows-Laptop des Saalbetreibers präsentieren würden, auf dem wir nicht mal ein Video zum Laufen bekamen. Alles was schiefgehen kann, ging schief, jede technische Inkompatibilität des Planeten traf an diesem Abend in diesem Saal zusammen.

Nach einer gefühlt endlosen, hingemurksten Präsentation endete ich mit einem gestammelten Statement am Mikrophon vor über 200 Gästen und löste mich in Luft auf – das heißt, ich hätte es gern getan, wenn ich gekonnt hätte.

Die darauffolgenden Wochen standen im Zeichen der Schadens-begrenzung und Demut. Das war es dann wohl mit Profilierung für außergewöhnliche Projekte. Der Coder fixte einen Bug nach dem anderen und ich half, wo ich konnte.

Die unkonventionelle Website polarisierte die User*innen erwartungsgemäß, alles in allem war das mediale Feedback dann doch überraschend gut. Das Verhältnis zwischen uns und *FUTURZWEI* schien allerdings nachhaltig beschädigt zu sein.

Es brauchte die Version 2.0, knappe vier Jahre, diverse Therapiesitzungen und so einiges an festem Willen, es einmal richtig zu machen.

Obendrein stand nach dieser Zeit die Erkenntnis, dass wir das Projekt *FUTURZWEI* nicht verpassen wollten. Wir wollten verbunden bleiben, nicht ablassen. An Bord bleiben. Vielleicht muss man erst Teil von etwas sein, um richtig abliefern zu können. Irgendwann reicht ein reiner »Service-Gedanke« als Motivation nicht mehr aus.

Anlass für den Beziehungsneustart war dann wieder eine Krise. Dieses Mal eine eher materielle, denn die Mäzene aus Darmstadt wollten ihren Reichtum lieber anders verteilen. *FUTURZWEI* ging ab sofort leer aus. So ist das eben mit privater Förderung: ist Privatsache, braucht keine Begründung. Kein Geld für *FUTURZWEI* bedeutete auch kein Geld für uns. Also kein Budget für einen Relaunch.

Wir entschlossen uns, dennoch abzuliefern. Machten den Relaunch trotzdem. Klingt jetzt edel, war es aber nicht. Es war ja alles beim Alten: geiles Projekt, cooler Kunde und … naja, das mit dem Budget wird am Ende auch noch klappen, wäre doch gelacht.

Und? Hat's geklappt? Klar. Mit allem. Beziehung, Ruhm, Ehre, Profilierung, Budget, alles. Weil wir durch- und zueinandergehalten haben, in guten und in schlechten Zeiten. Zehn Jahre sind *LINIEN-LAND* und *FUTURZWEI* nun liiert. Bin mir sicher: Da geht noch was!

LEA LUTTENBERGER

Verzweifele nicht an Deinen Problemen, verzweifele lieber an diesem Rätsel!

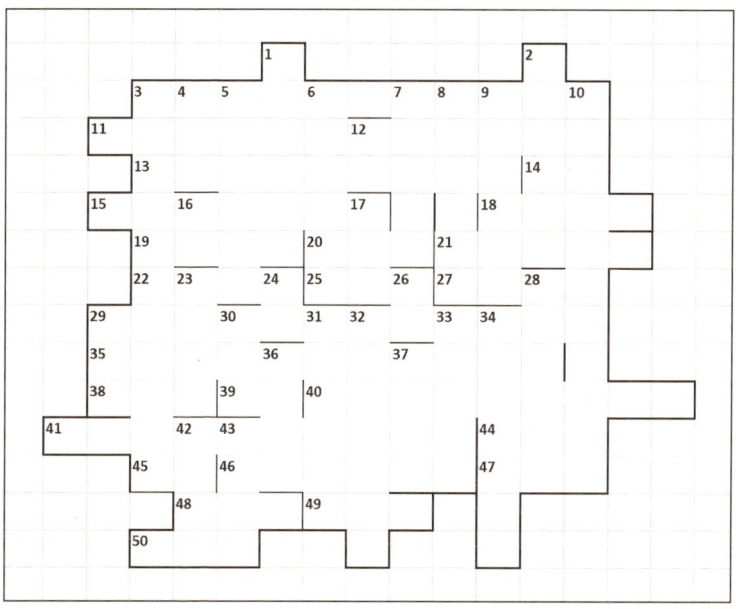

Waagerecht: 3 Über Probleme oder im Moment gegen Überwältigung durch Probleme 11 Wiederherstellbare Energien für ausgelaugte Klimaaktivist*innen 13 Ordnungsliebenden Lebewesen als beruhigende Beschäftigung 14 Muss ihrer Verantwortung auch nachkommen 15 In ihm zu springen, könnte die Wutentladung noch zackiger machen 18 Fleißig wie die Bienen arbeiten Aktivist*innen und lagern ihre Erträge süß ein 19 Dort macht man 3 waagerecht 20 Mit Wheels spielen und Wings

essen verschafft dem Gemüt Abkühlung   21 Ringen wie die …
tun die Klimatreuen   22 Dagegen fährt es sich nicht gut gegen Wut   25 Ein Zusammentun mit dem / der Ex ergibt einen Fehlerübertüncher   27 Ist sie aussichtslos, kann ein Blick nach vorn von hinten »trotzdem weiter«-Aufwind geben   29 Klar wie CO_2-neutrale Kloßbrühe   35 Tagesportion dessen, worum es die ganze Zeit geht   38 ACDC singt, bis feministische Aktivist*innen explodieren   39 Halb gezockt und halb verbockt der   36 senkrecht   40 Ökologisches übelriechendes Vereinsfundament   41 Gedeckt mit polarem Eis und Subtropischem, lädt ein zum zukunftsgewandten Diskutieren   44 Mit einem schmachtenden »ach« wird's zum schätzenden Tuwort   45 Wie weitermachen? Wie … weitermachen? Darum.   46 Soll auch mal mit der Faust auf den Tisch geschlagen haben (für mehr Klimagerechtigkeit?)   47 Wer die   48 waagerecht ob unentlohnter Ehrenamtsarbeit nicht auf dem Konto hat, bei dem kann's am Monatsende so werden   48 Willkommen im Club der Mateabhängigen   49 Was soll man zu Klimaleugner*innen noch sagen?   50 Was soll man zur Klimapolitik noch sagen?

Senkrecht: 1 … Monika kann mit Brad Sche nicht nur Worte, sondern auch fröhliche Töne spielen   2 Gehe nicht über Los, sonst wird's ordinär und inhaltsleer   3 Mühe und Anstrengung darf auch mal bei ihrem Gewicht genannt werden   4 Muss nicht so kritisch sein wie bei Ratatouille   5 Ein Auf und Ab mit der   4 senkrecht   6 Zum Runterkommen empfiehlt es sich, barfuß in Wasser zu waten oder eine Romcom zu schauen, die so ist   7 Wenn alles nichts hilft, zeigen vielleicht wenigstens die Karten rosige Zukunftsaussichten   8 Statt auf ihr zu treten, lieber auf ihr was bewegen   9 Ein Pfandrückgabesystem für unerfreuliche Begegnungen und Erlebnisse wäre … Ballast loszuwerden   10 Ist vitaler als Abriss   12 Quer durchs Land tuckern statt fliegen   16 … und tschau ist ein angemessenes Gespräch mit Energieraubern   17 Besser den Karpfen im Teich als die Auster im Ozean   23 … ist

der Handlungsbedarf gegen chronische Tatenlosigkeit   24 Um
der   31 senkrecht in aller Kürze ein Maß zu setzen   26 Kann als
Ablenkung oder Geistesübung auswendig gelernt werden   28 Marc
Uwe Klings Neinhorn geht zum Abspannen gern in den Achso-Bergen
wandern   29 ... innehalten   30 Die See zum Urlauben und
Sonnenaufgang betrachten   31 Keine Grenzen kennen, maßlos
sein   32 Sind es die Menschen nicht mitunter in ihren Forderungen,
wird es das Klima   33 Sagt ein Italienisch-Deutscher vorm
Traualtar ...   34 Guter englischer Inhalt macht den Franzosen
zufrieden   36 Lieber Lotto in Africa, denn Glücksspiel kann süchtig
machen   37 Vom Bett auf die Demo mit Forderungen bepinselt
42 Besenstrich für Besenstrich zu arbeiten, um den Mut nicht
zu verlieren, kann man in diesem Buch lernen   43 Flexibel, proaktiv,
antizipativ und initiativ sollen wir sein!? Verdreht sind es zumindest
diejenigen in der Ersten im Profifußball

Auflösung des Rätsels auf S. 183

MARLENE CHARLOTTE LIMBURG

Mein großer Frustballon und ich

Ich bin Marlene, 19 Jahre alt und seit drei Jahren politisch aktiv. Mit 16 Jahren wurde ich innerhalb weniger Stunden zur Veganerin. Ein Schalter hatte sich in meinem Kopf umgelegt. Den letzten Schultag während meines Auslandsjahres 2019 verbrachte ich auf einer *Fridays for Future* Demonstration in Manchester und war überwältigt von der Stimmung und dem Tatendrang der Schüler*innen. Als ich zurück in Deutschland war, schloss ich mich Tierrechtsgruppen an und verstand, dass Tierbefreiung mit Klimagerechtigkeit und diese wiederum mit Menschenrechten zu tun hat. Durch meine veganen Freund*innen kam ich zum Klimaplenum und schließlich zur *Seebrücke* und Jugend-Antifa. Doch der Tatendrang führte zu einer Traurigkeit, die mich irgendwann komplett einnahm: Täglich mit so vielen Ungerechtigkeiten konfrontiert zu sein, raubte mir jegliche Freude. Heute stehe ich wieder gefestigt neben meinen Genoss*innen auf antikapitalistischen Demos und erlaube mir, optimistisch zu sein. Von diesem Kampf, aus der Trauer und Kraftlosigkeit wieder die Augen zu öffnen, wieder aufzublicken und aufzustehen, möchte ich erzählen.

Im Moment sitze ich mit einer angeknacksten grünen Tasse, aus der ich Instantkaffee trinke, am Tisch und denke über Frust nach. Ich nicke fast automatisch, ohne dass ich es wirklich bemerke: Frust, ja, kenne ich. Jeden Tag gibt es diese kleinen und großen Momente, die sich anfühlen, als würde die ganze Welt auf einmal den Bach runtergehen. Alles tut weh, alles ist scheiße, und klappen tut sowieso nichts. Es hört sich zu leicht an, wenn jemand sagt: »Kopf hoch, steigere dich da nicht rein, das wird schon.« Ich glaube, selbst wenn das mein Mantra wäre und ich mir diese Worte jeden Morgen selbst im Spiegel zuwerfen würde, wäre ich spätestens am Nachmittag wieder im Frusttunnel. Beim Abschicken des Textentwurfes für dieses Anti-Frust-Buch bin ich verzweifelt, weil sich mein Laptop nicht mit dem Internet verbinden wollte. Ich habe laut geflucht, war den Tränen nahe und habe für einen Moment den Gedanken »Alles ist scheiße« als *die* Wahrheit angesehen.

Neben solchen individuellen Frust-Quellen gibt es auch kollektive: jene, die viele Menschen betreffen und wütend machen. Im Falle des Klimawandels etwa zumindest die, die bei den *IPCC*-Berichten aufgepasst haben. Dass der Frust geteilt ist, macht die Situation nur geringfügig besser. Nicht nur die weiße Klima-Ignoranz aus dem globalen Norden kann einen an den Rand das Wahnsinns treiben, auch Rassismus, Sexismus und Speziesismus – je nachdem, welche Kämpfe gerade bestritten und miteinander verbunden werden. Frust ist nicht irgendein Phänomen, das nur wenige Leute kennen, sondern es gibt ihn in vielen Facetten und in sehr unterschiedlicher Stärke. Daher gibt es wohl auch verschiedene Bewältigungsstrategien. Gegen meine eigenen Frustrationsauslöser habe ich mir eigene Strategien zurechtgelegt. Meistens klappt es auch.

Bevor ich meine Exit-Strategien gegen den Frust anwenden kann, muss ich zuerst mein Befinden wahrnehmen und verstehen, wie der Frust mich so sehr einnehmen konnte. Dabei versuche ich, meine Stimmung nicht zu bewerten, um dadurch nicht noch frustrierter zu werden. Eine meiner liebsten Metaphern, um mir die steigende Anspannung und das Frustpotenzial zu veranschaulichen, ist ein Ballon. Ich stelle mir vor, dass ich einen Luftballon mit mir herumtrage, dessen Oberfläche für meine innere Anspannung steht. Alles, was ich im Laufe des Tages erlebe, sammelt sich in diesem Ballon. Je mehr sich die Gummihaut mit Erwartungshaltungen, Anforderungen, Gedanken, Zeitdruck, Selbstabwertung, Schlafproblemen, Streit, Sorgen oder auch Hunger und Durst füllt, desto größer wird der Ballon und die Oberfläche gerät unter starke Spannung. Dieser Zustand führt dazu, dass ich an den kleinsten und welt-un-bewegendsten Dingen verzweifle – zum Beispiel einer nicht funktionierenden Internetverbindung, wenn ich eigentlich eine E-Mail abschicken müsste. Wenn sich dann auch noch große Themen wie Zukunftsängste aufgrund der Klimakrise unter die vorhandenen Stressfaktoren im Ballon mischen, sind Panik und Depression plötzlich gefährlich nah. Oft gewöhnen sich Menschen mit einem fast täglich prallen Ballon Strategien an, die nicht hilfreich sind. Sie lassen wie kleine Nadelstiche nur ein wenig Luft heraus. Von mir selbst kenne ich diese Stecknadeln als Essattacken bzw. Hungern, sozialen Rückzug, Rauchen oder anderes Extremverhalten. Dass diese langfristig beschissen sind und es mir dadurch letztendlich noch schlechter geht, ist, glaube ich, recht eindeutig. Deswegen ist es so wichtig, statt der Nadeln richtig gute Ventile, also Strategien und Skills, zu entwickeln, die einem helfen, die Luft geordnet rauszulassen. Diese Metapher habe ich tatsächlich in einer Klinik kennengelernt, und ich bin dankbar für die Unterstützung, die ich dort bekommen habe. Am liebsten, würde ich diese Zeilen der gesamten Station widmen, denn ich habe nicht nur von den Therapeut*innen und Pfleger*innen, sondern auch von meinen Mitpatient*innen sehr viel lernen dürfen.

Vor dem Klinikaufenthalt trug mein Ballon eine Menge an Frust in sich. Seine Gummihaut war bereits leicht porös und überstrapaziert. Dies hatte mit so einigen misslungenen aktivistischen Erlebnissen zu tun. Beispielsweise kam mir, zusammen mit einer Freundin und einer weiteren weiblich gelesenen Person bei einer Waldbesetzung die Idee, uns bei Temperaturen um null Grad nackt auf die an drei Stelzen hochgestemmten Plattformen zu legen. Dort hätten wir nur von weiblichen Kletter-Cops geräumt werden können, von denen deutlich weniger im Wald eingesetzt waren. Wir haben uns letztlich dagegen entschieden. Gut so, denn unsere Gliedmaßen zitterten trotz diverser Klamottenschichten vor Kälte und uns war bewusst, dass wir unbekleidet unsere Gesundheit aufs Spiel setzen würden. Da entstand Frust, denn selbst mit dieser selbstgefährdenden Aktion hätten wir die Räumung auch nur ein paar wenige Stunden hinauszögern können.

Ich erinnere mich auch, wie frustrierend es sich anfühlte, an die Orte zurückzukehren, an denen einst die Baumhäuser gestanden hatten. Silvester 2020/21 besuchte ich zusammen mit einer Freundin die gerodete Trasse im Dannenröder Forst (kurz: Danni). Die Stellen, an denen wir beim Lagerfeuer zusammengesessen und wo Genoss*innen einen Pizzaofen gebaut hatten, konnten wir nur noch erahnen. Heute ist nichts mehr davon da. Wir haben auf dem Waldboden alte Gegenstände gefunden, die nun heimatlos wie Müll zwischen den Blättern abgeholzter Bäume liegen. Senftüten, Polyprop (Polypropylen) und eine Tasse. Aber auch alte Rasierklingen, die benutzt wurden, um die Fingerabdrücke unkenntlich zu machen. Wir standen an dem jetzt kahlen Hang und umarmten uns schluchzend. So eine Scheiße. So eine Wut. Und so ein Frust!

Wenn sich die Ballonhülle weit auseinanderdehnt und durch die transparent gewordene Haut einen Blick ins Innere erlaubt, nimmt der gigantische Frust alles ein. So fühlte es sich an, als ich bei einer anderen polizeilichen Räumung der Waldbesetzung im Danni ohne Schuhe und Jacke in die kleine Zelle eines Gefangenentransporters gesteckt wurde. Ich zitterte am ganzen Leib. Ein Polizist nahm mir alle persönlichen Gegenstände ab, mit denen ich mir hätte etwas antun können. Er sagte »Das mache ich, damit du dich nicht erhängst. Wäre nicht schlimm, aber der Papierkram ist lästig.« Ich werde diese Worte nie wieder vergessen. In diesem Moment fiel es mir schwer, überhaupt Gefühle wie Wut oder auch Frust wahrzunehmen, geschweige denn, etwas dagegen zu unternehmen. Ich fokussierte die Straße durch das beinahe postkartenkleine Fenster. Ich wusste nicht, wohin ich gebracht wurde. Also versuchte ich krampfhaft, irgendwo ein Straßenschild zu entdecken und mich auch so von meinen Gedankenspiralen abzulenken. Das war wohl auch die einzige Strategie, die ich in diesem Moment anwenden konnte.

Nach einiger Zeit mit einem zum Bersten gefüllten Ballon an der Schnur sehne ich mich danach, die Luft vorsichtig durch einige Ventile herauszulassen und das zusammengeschrumpelte synthetische Material in meine Tasche zu stopfen, wo es kaum Platz einnimmt.

Weil ich die Strategien – die als Ventile fungieren – nur im Kopf dabeihabe, erinnere ich mich in so manch großen Frustmomenten nicht einmal mehr an das Wort »Gegenstrategie«. Deswegen trage ich nun einen Zettel in meiner Bauchtasche, auf dem in Stichpunkten das Wichtigste steht, was ich brauche, um wieder klarzukommen. Als ich beim Abschicken dieses Textes wegen der Internetverbindung für einen Augenblick den Glauben an mich selbst und das Leben verloren hatte, zog ich den Reißverschluss der Tasche auf. »Sportübungen« stand unter anderem auf dem Zettel darin, was ich dann auch tat. Und schon verdünnisierten sich der Frust und die negativen Gedanken.

Bewegung ist eines meiner liebsten Ventile, das den Ballon zum Schrumpfen bringt. Sport hilft mir beim Abschalten und meine körperliche Anspannung lässt nach. Das kann aber nur Wirkung zeigen, wenn ich als ersten Schritt wohlwollend bemerke, dass meine Stimmung im Keller ist – wohlwollend, damit meine Laune dadurch nicht noch schlechter wird. So hätte ich es auch tun sollen, als ich aus einem erfolglosen Plenum in Lützerath kam, bei dem ich meinen Frust zunächst nicht wahrnahm, dann jedoch nicht damit umgehen konnte, frustriert zu sein. Denn dort wurde man sich über die Aktionsform nicht einig und letzten Endes drohte das gesamte Vorhaben ins Wasser zu fallen. Nachdem ich meinen Frust bemerke – ohne darüber in Frustration zu verfallen –, ist also mein erster Impuls, Sport zu machen. Endlose Liegestütze, Kniebeugen, Unterarmstützen, Boxkicks.

Doch woran erkenne ich rechtzeitig einen Frustmoment, der Gegensteuerung verlangt? Meist daran, dass ich zu viel grübele, dass sich Gedanken verengen, dass ich Unruhe verspüre und mich sozial isoliere. So ging es mir, als ich von der Abbruchkante vor dem Dorf Lützerath zurücktrat und ich das Bedürfnis hatte, mich in meinem Schlafsack vor den Geschehnissen der Welt zu verstecken, und die Gedanken wie Steine auf mir lasteten.

An kognitiven Techniken finde ich eine besonders hilfreich, vor allem wenn in meinem Kopf ein Gedanke zur Wahrheit mutiert. Dann distanziere ich mich innerlich in drei Schritten:

Beispielsatz: »Ich bin unfähig.«
1. Den Gedanken als Gedanken markieren.
Bsp.: »Ich *denke* (…)«
2. Den Gedanken zeitlich begrenzen.
Bsp.: »Ich denke *jetzt gerade* (…)«
3. Konjunktiv
Bsp.: »Ich denke jetzt gerade, dass ich unfähig sein *könnte.*«

Danach sind meine negativen Glaubenssätze meist nicht mehr so dominant, was eine gute Grundlage für Ablenkung und neue Perspektiven ist. Eine vertrauenswürdige Person anrufen, sich seine Errungenschaften in Form einer Liste vor Augen führen, nach den Stiften greifen und etwas zeichnen oder spazieren gehen, können hilfreiche Aktivitäten sein. Ich schnappe mir oft meine Kamera, wenn ich bedrückt bin, und bringe durch Selbstporträts meine Gedanken und Gefühle aus meinem Kopf heraus auf Fotopapier. Besonders wenn ich an mir selbst gezweifelt habe, konnte ich in meinen Selbstporträts viel verarbeiten und mich infolgedessen leichter akzeptieren.

An einem Tag, an dem es mehrere Frustmomente gibt und sich der Ballon mehrfach vergrößert, ist es außerdem wichtig, den Frust mit positiven Momenten auszubalancieren und sich selbst etwas Gutes zu tun. Vor allem, wenn eine Klimaaktion auf die nächste folgt, es aber scheint, als würde sich trotzdem kaum ein Mensch dafür interessieren, ist es wesentlich, auf die eigenen Bedürfnisse zu achten. Ansonsten kann eine ganze Bewegung innerhalb von ein paar Monaten ausbrennen. Ich selbst war monatelang psychisch ausgeknockt und unfähig, mich politisch zu engagieren – und das ist erst recht frustrierend. Deswegen lieber darauf achten, die eigenen physischen und psychischen Grenzen nicht zu überschreiten und sich stattdessen gut um sich selbst zu kümmern, Frust auszubalancieren und die Ventile im Luftballon zu entlasten.

Das letzte Mittel gegen Frust ist die radikale Akzeptanz der Situationen, die nicht in unserem Einflussbereich liegen. Natürlich ist damit nicht gemeint, Ungerechtigkeiten einfach hinzunehmen und nichts dagegen zu tun. Bei der radikalen Akzeptanz geht es darum, nicht weiter daran zu frustrieren, dass es Alice Weidel und Christian Lindner gibt, sondern das zu akzeptieren, die beiden trotzdem scheiße zu finden und dann weiter für Klimagerechtigkeit und gegen Rassismus, Sexismus und den Kapitalismus zu kämpfen. Klingt vielleicht mies, ist aber mega.

MILO RAU UND HARALD WELZER

Ein Gespräch

HARALD WELZER: Seit drei Wochen herrscht Krieg in der Ukraine. Das Thema des Buches stellt sich jetzt etwas kokett dar. Aber vielleicht können wir in dieser Situation der größten Frustration trotzdem darüber sprechen, wie man sie überwindet und handlungsfähig bleibt. Also erzähl doch mal, ob du gelegentlich Frust hast und was deine Strategien sind, darüber hinwegzugehen.

MILO RAU: Es gibt eine Methodologie des Frustes. Ich könnte als Künstler sprechen, aber auch als Aktivist gibt es für mich zwei mir bekannte Frustursachen oder Frustherde. Das eine ist der interne und das andere ist der externe Frustherd. Beim externen sagst du: »Was soll ich tun?« Ich habe zum Beispiel am Wochenende eine Soli-Veranstaltung für die Ukraine veranstaltet. Das klingt ein wenig übertrieben, aber ich musste manchmal die Augen geschlossen halten, weil ich die vielen Fahnen nicht ertrug. Es war total schwierig für mich, weil eben der ganze Nationalismus abgespult wurde. Ich habe das also an mir vorüberziehen lassen. Das ist ethische Unentscheidbarkeit: Die Sache ist gut, aber es mischen sich Dinge rein, die einem als politischer Körper einfach zuwider sind. Das ist frustrierend, aber das kann man wegstecken, durch ein Handlungsziel, das diese kleinen Frustmomente subsummiert. Und auf der anderen Seite gibt es die interne Frustration, die mir noch sehr viel geläufiger ist. Die wurde deutlich, als ich den Jesus-Film gemacht habe. Das Neue Testament ist das erste moderne Aktivisten-Buch der Geschichte. Wenn man es intensiv liest, da merkt man: Jesus scheitert nicht am Imperium. Die Priester geben ihm immer neue Chancen, drehen alles theologisch und wollen seine Revolte quasi in die Logik des Imperiums einbauen. Der alte kapitalistische Trick: Die Revolution wird zum Extremismus-Konsum, zur Rhetorik, während alles weiterläuft wie vorher. Aber Jesus scheitert am Innendruck seiner eigenen Organisation. Es gibt diese berühmte Öl-Szene, wo er sich von Marie von Bethanien das Öl auf den Kopf träufeln lässt und Judas sagt: »Warum verkaufst du das Öl nicht für die Armen?« Da antwortet Jesus: »Es gibt viele Arme, doch nur einen Jesus, freu dich einfach für mich.« Das ist der Narzissmus des Führers und dafür wird er von seiner eigenen Gruppe verraten. Simpel gesagt: Handlungsfähigkeit heißt, dass es einen Konsens geben muss. Und der kann aus unterschiedlichen Gründen zerfallen. Heute früh hatte ich einen Anruf, ich sollte einen Brief unterschreiben: »Gegen die Aufrüstung der Deutschen«. Das habe ich dann nicht gemacht, denn Pazifismus und Angriffskrieg gehen eben schwer zusammen, aber grundsätzlich habe ich da so eine Frustrationstoleranz entwickelt, dass ich sage: »Ich bin 80 Prozent einverstanden oder zumindest 70 Prozent. Ich sehe zwar ein Problem, aber ich mache es trotzdem.« Das ist so ein bisschen Volksfrontstrategie, bei der man sagt: »Okay, der eine ist ein bisschen zu weit rechts und der andere ein bisschen zu weit links von mir. Ich wünschte, es wären alle auf der gleichen Linie, aber das geht nicht.« Deshalb nehmen wir diese Widersprüche in Kauf.

HARALD WELZER: Von Paul Valéry, das nur als Einschub, gibt es den wunderbaren Satz: »Ich bin nicht immer meiner Meinung.«

MILO RAU: Genau! Und von Pasolini, das hatte ich früher über meinem Blog stehen, gibt es den Satz: »Ich weiß, wie widersprüchlich man sein muss, um wirklich konsequent zu sein.« Man muss viele Widersprüche akzeptieren. Man muss auch eine Frustrationstoleranz in dem Sinne entwickeln, dass Dinge unbearbeitet bleiben. Wir haben eine Kultur der absoluten, totalen Durcharbeitung von allem und ich zitiere in diesem Zusammenhang gern Tschechow: »Hätte ich einen Ring, dann würde ich darauf prägen: *Nichts vergeht.*« Man muss einfach damit umgehen, dass immer eine Schlacke vergangener Handlungen, und vor allem natürlich vergangener Niederlagen und Irrtümer, übrig bleibt. Etwas ist immer nicht richtig gelaufen, so dass es immer auch einen Rest Unzufriedenheit gibt. Die Vorstellung, dass immer nur *flow* ist und dass immer alles in kompletter Selbstidentifikation mit der Handlung stattfindet … Man muss nicht gleich zu Jordan Peterson gehen und sagen: »Okay, wir sind alle unglücklich, das ist ein verweichlichter Scheiß-Mythos, dass wir auch mal glücklich sein dürfen und Spaß haben« – das ist natürlich Blödsinn. Aber ich würde auch nicht unterschreiben, dass wenn Frustration da ist, gleich diese Manager-Aussteigerlogik folgen muss: »Ach, das ist nicht mein Ding. Ich fühle mich da nicht ganz gespiegelt, nicht ganz wohl und erfüllt. Jetzt muss ich was ganz anderes machen.« Diese Erzählung ist für mich genauso falsch. Ich bin ein Traditionalist, ich war immer ein Freund der Katharsis: »no pain, no gain«. Als Aktivist geht es gar nicht anders. Das ist manchmal schwierig zu vermitteln, weil wir keine Kultur sind, die so denkt.

HARALD WELZER: Es ist natürlich eine Fiktion der Moderne, dass alles gut wird. Ich glaube, es gibt ganz andere historische Zeiten und vielleicht auch andere Kulturmodelle, die gar nicht davon ausgehen, dass immer alles gut wird, sondern dass »das Widersacherische«, wie es bei Bloch heißt, einfach vorhanden ist und man immer davon ausgeht, dass dem so ist. Es läuft nicht alles gut, mitunter läuft es auch nach hinten, und wenn man das anerkennen würde, wäre das ein ganz anderer Wirklichkeitsbezug. Dann denkst du: »Na gut, ist jetzt halt scheiße gelaufen.« Das ist aber etwas anderes, als wenn man sagt: »Es muss alles unbedingt glattgehen.«

MILO RAU: Ja, ich glaube wir modernisieren uns in Hochgeschwindigkeit. Ich glaube, dass die Überwindung der Frustration in Wahrheit einer der Gründe für Aktivismus geworden ist. Zum Beispiel Safespaces, das sind im Grunde ja frustrationsfreie Räume. Da werden zwar Begriffe wie Macht etc. verwendet, doch im Grunde geht es um Handlungsglück.

HARALD WELZER: Ein Sanatorium.

MILO RAU: Ja, ein Sanatorium der widerspruchsbefreiten Praxis. Alles Schreckliche, alles Deprimierende, die Hauptwidersprüche werden in den Globalen Süden exportiert – und bei uns tun wir so, als käme der Kapitalismus ohne Unterdrückung, Ausbeutung und Rassismus aus. Wir schließen die Augen und machen gemeinsam das Richtige, getragen von einem Meer des Falschen. Es dürfen allerdings dabei nur die richtigen Leute beisammen sein. Es muss sicher sein, dass alle einverstanden sind mit dem, was jeder tut und sagt. Das ist am Theaterbereich aktuell extrem, aber ich bin Marxist und sage immer: »Kunst ist Re-Import von Frustration, von Widerspruch, von Depression und von Schlacken.« Aus der Vergangenheit, dem Globalen Süden, der Zukunft. Das ist es, was Kunst macht. Kunst nimmt sich dessen an, was nicht verhandelt wurde, und versucht es zu verhandeln. Sie löst es aber nicht. Es wird hinterher genauso unverhandelt sein. Aber vielleicht ist ja etwas mit uns passiert, die es verhandelt haben. Das ist das, was Kunst macht und tun muss. Deshalb gibt es diesen Raum. Das Beckett-Wort »Try again, fail again, fail better« wird zwar oft verwendet, wird dadurch aber nicht unwahr. Wenn der Vorhang runtergeht, hast du den Kreis einmal gemacht und dann sind die Dinge so ungelöst wie vorher. Ich glaube es ist ziemlich wichtig zu sehen, dass es einen Realraum gibt, in dem beispielsweise die Vergangenheit bestehen bleibt und in dem es kein Verzeihen geben kann, rein sachlich. Vielleicht gibt es oft nicht einmal ein Verstehen, sondern es bleiben Widersprüche bestehen. Und dann gibt es einen anderen Raum, das ist der Raum der Praxis, in dem man sagen kann: »Hier können wir es besser machen.«

HARALD WELZER: Ich glaube – und du weißt, ich neige auch zum Pathos –, dass die Dinge, für die ich ein paar Jahrzehnte eingetreten bin, eine bestimmte Form von Modernisierung und Zivilisierung von Gesellschaft und auch die ganze öko-soziale Fragestellung, dass das gerade einen Rückschlag abbekommt, den wir vor kurzem noch nicht für möglich gehalten hätten. Unser ambitionierter Klimaminister sagt notgedrungen: »Sicherheit hat im Zweifelsfall die Priorität.« Sie werden jetzt Kohle und Fracking-Gas, alles, was brennt, zusammenkaufen. Und dabei sagen: »Tut uns leid, Klima. Wir müssen jetzt andere Prioritäten setzen.« Und das ist nur ein Teil. Es wird eine Diskursverschiebung und auch eine Praxisveränderung geben. Wir sind generationell die privilegierteste Generation, die es jemals in der Weltgeschichte gegeben hat, und vielleicht waren wir auch zu leichtfertig im Umgang mit diesem Privileg, aber das erfährt jetzt einen totalen Rückschlag. Wie siehst du das?

MILO RAU: Mein marxistisches »Das Sein bestimmt das Bewusstsein«-Denken ist ja schon immer durch den Verdacht geprägt, dass Dinge wie Nachhaltigkeit oder Gender-Gerechtigkeit sich als Hobby einer kleinen westlichen Elite herausstellen, sobald es ernst wird. Das ist eine Denkform, die realpolitisch nicht funktionieren kann, weil es einfach keine Ukraine gibt im Klimawandel. Und umgekehrt. Auf diese Ebene der Gleichzeitigkeit von Klimagerechtigkeit, Pazifismus und Realpolitik kommt der menschliche Tribalismus eher zufällig – und eher durch Verdrängung. Dann werden die Männer zurückgelassen, damit sie kämpfen. Und die Frauen und die Kinder fliehen in den Westen. Es wird nicht gefragt, verstehst du dich als Mann oder als Frau? Willst du überhaupt kämpfen oder nicht? Das ist dann vorbei.

HARALD WELZER: Da wird nichts mehr dekonstruiert.

MILO RAU: Dann lernt man: »Aha, dieser Entscheidungsspielraum, dieser Safespace hat nur aufgrund von Privilegien existiert.« Nicht sehr hegelianisch, aber leider ist es so: Rationalität ist ein Privileg. Wer eine handlungsfähige Armee hat, der gewinnt den Krieg. Und so wird dem postmodernen Geist eins ausgewischt, und die intellektuelle Klasse bemerkt: »Wir haben die Probleme nur exportiert, aber sie existierten weiter. Es gibt noch die Abhängigkeit von Gas und Öl, auch wenn wir so getan haben, als gäbe es sie nicht.« Es gab nämlich einen Grund, warum wir plötzlich keine Atomkraft und keine Kohle mehr brauchten: die Gaslieferungen aus Russland. Dann denk ich auf der anderen Seite: »Wie gut, dass jetzt die Illusion weggewischt ist.« Das ist ein praktischer Erkenntnisschritt. Man muss ja irgendwie weiterkommen.

HARALD WELZER: Vielleicht ist ja eine solche Arbeit, wie du sie machst, für sich schon ein Bewältigungsmechanismus. Theatermachen ist ja etwas anderes, als nur grübelnd vor sich hin zu sitzen. Und dann ist es natürlich auch naheliegend, sich für das ein oder das andere zu entscheiden. Bei dem, was du auf die Bühne bringst, kannst du es ja entäußern.

MILO RAU: Ja, da war ich wohl gerade etwas zu eitel von wegen Frustrationstoleranz und Beckett und so. Natürlich bin ich schon auf die kleinen Erfolge aus, auf die kleinen Weltgeistmomente, wo das Richtige oder das Menschliche sich plötzlich als funktionierende Praxis etabliert. Die Filmschule in Mossul mit der UNESCO oder auch das Tomatenvertriebssystem, das wir mit dem Jesus-Film gemacht haben, damit schaffen wir etwas, das man auch Mikroökonomie nennen könnte. Das geht von der Herstellung von Bildern, von Tomaten oder Filmen bis zum Endkonsumenten und hackt das kapitalistische System. Es ist eine Alternativ-Ökonomie, ein komplettes Distributionssystem, ein Kreislauf der Würde vom Produkt bis zum Sinnzusammenhang. Denn ein weiterer Grund von Frustration ist natürlich, dass man nach einer Demo oder einer Premiere oder einer Kampagne gefühlt immer wieder auf den Punkt null zurückfällt. Man hat noch eine Demo oder eine Premiere und dann fällt man wieder … Aber eine Mikroökonomie läuft in dem Moment, wo man sie als Künstler oder Aktivist verlässt, weiter. Der Kapitalismus ist ja an sich amoralisch, quasi Kantianer, der sagt nämlich ganz interessefrei: Wenn die Leute eine Million Tonnen Fair-trade-Tomaten wollen, dann bringt mir eine Million Tonnen davon. Und wenn die Leute Arthouse-Filme aus dem Irak wollen, und es kommen eine Million Leute, dann funktioniert Arthouse aus dem Irak im globalen Kapitalismus. Und genauso vielen Menschen ermöglicht man dadurch ein würdiges Leben als Tomatenbauern, als Cineasten. Das ist für mich die endgültige Überwindung der Frustration, dieses Herausnehmen der Figur des Künstlers oder des Aktivisten: »Okay, das läuft jetzt weiter.« Dann muss der weder frustriert zurückbleiben, noch muss irgendwer manisch am Machen bleiben – der ist einfach nicht mehr wichtig. Wenn ich zum Beispiel das »Kongo Tribunal« oder die Tomaten von Jesus besichtige, dann bin ich eine Art engagierter Gast. Aber hab ich schon gesagt, dass ich ein großer Fan der Frustration bin? Hier in Zürich, da haben wir einen *consent coach*. Das ist eine Person, die immer darauf achtet, dass alle glücklich sind. Das hat man heute beim Film und beim Theater. Davon hast du vielleicht gehört?

HARALD WELZER: Nein, ich bin ja ein Hinterwäldler. Ich kapsle mich von bestimmten neu-modernen Entwicklungen ab. Ich mag so etwas gar nicht wissen. Diese Person sorgt dann dafür, dass niemand gekränkt ist?

MILO RAU: Dass niemand gekränkt ist, dass immer alle alles wissen, mit allem explizit einverstanden sind. Alles, bevor überhaupt Widersprüche entstehen könnten.

HARALD WELZER: Oh Gott, wie fürchterlich. Das ist das, was im Krankenhaus die Anästhesie ist.

MILO RAU: Ja. Vor allem aber ist es, handlungstheoretisch, irrational. Wenn man gemeinsam etwas ausprobiert und merkt: »Das funktioniert nicht«, dann macht man etwas anderes und danach etwas

Drittes und irgendwann funktioniert es. Aber man kann nicht vorher sagen: »Wir werden das ausprobieren, weil das funktioniert. Seid ihr alle einverstanden?« So funktioniert Handeln nicht, also zumindest kein künstlerisches oder aktivistisches Handeln.

HARALD WELZER: Menschliches Handeln funktioniert so nicht.

MILO RAU: Der Consent Coach hat mir heute eine Mail geschrieben: »Milo, ich hab gestern wahrgenommen, der und der waren ganz verwirrt. Das ist nicht gut.« Ich habe zurückgeschrieben: »Ja, aber so geht es mir doch auch, darum machen wir das doch.« Ich will, dass die Leute sich Fragen stellen, sich verantwortlich fühlen und das dann irgendwie lösen müssen. So werden sie zu Co-Autoren. Wenn ich ihnen aber sage: »So und so sieht es aus und jetzt mach mal«, dann liegt ja im philosophischen Sinne keine Handlung mehr vor, sondern nur eine Handlungsanweisung, ein Befehl, der ausgeführt wird. Das hat mit Höflichkeit, mit Respekt, mit Sanftheit nichts zu tun, das ist das Gegenteil. Da muss man wirklich eine Lanze brechen, für die Frustration. Wir kommen sonst in eine Frustrationsvernichtungsgesellschaft.

HARALD WELZER: Ja, das stimmt. Da hören wir jetzt einfach mal auf.

FUTURZWEI-TEAM

Anti-Frust-Playlist

Johnny Nash – I Can See Clearly Now
Stromae – Santé
Peter Bjorn and John – Young Folks
The Drums – Let's Go Surfing
Boney M. – Sunny
La Femme – Si un jour
Dua Lipa – Future Nostalgia
Kylie Minogue – Can't Get You out of My Head
Whitney Houston – I Wanna Dance With Somebody
ABBA – Gimme! Gimme! Gimme! (A Man After Midnight)
David Bowie – Let's Dance
Curtis Mayfield – Move On Up
Georgie Fame & The Blue Flames – Yeh, Yeh
Outkast – Hey Ya!
A Tribe Called Quest – Can I Kick It?
Suzanne Vega, DNA – Tom's Diner
Tracy Chapman – Talkin' Bout a Revolution
Neonschwarz – On a Journey
Mia. – Ökostrom
Billy Idol – Dancing With Myself
Queen – I Want To Break Free
Grossstadtgeflüster – Fickt-Euch-Allee
Judith Holofernes – Analogpunk
Bernadette La Hengst – Im Prinzip Hoffnung
Bob Dylan – The Times They Are A-Changin'

Diese und weitere Songs hören auf:

Spotify:

YouTube:

Auflösung des Rätsels

Waagerecht: 3 Bewusstsein   11 Regenerative   13 Sortieren
14 EU   15 Achteck   18 Wabe   19 Hier   20 Hot   21 Leuen
22 Wand   25 Tip   27 Egal   29 Ökologische   35 Frustration
38 TNT   39 To   40 Gründung   41 Klimatisch   44 Ten
45 So   46 Goethe   47 Eng   48 Mio   49 Nix   50 Lol

Senkrecht: 1 Munter   2 Niveau   3 Beschwernis   4 Ego
5 Werten   6 Seicht   7 Tarot   8 Stelle   9 Einweg   10 Neubelebung   12 RE   16 Hi   17 Koi   23 Akut   24 Dl   26 Pi
28 Ahnden   29 Oft   30 Ost   31 Orgien   32 Garstig
33 Siehe   34 Content   36 Toto   37 Tuch   42 Momo   43 Agil

Literatur und Nachweise

Adorno, Theodor W. (1951): Minima Moralia. Reflexionen aus dem beschädigten Leben. Frankfurt a. M.: Suhrkamp.

Ausländer, Rose (2012): Gemeinsam: in: Gedichte. Frankfurt a. M.: S. Fischer Verlag.

Carson, Rachel (1962): Silent Spring. Boston: Houghton Mifflin Company. Deutsche Ausgabe (1972): Der stumme Frühling. Übersetzt von Margaret Auer. München: Biederstein-Verlag.

Davis, Mike (2005): Vogelgrippe. Zur gesellschaftlichen Produktion von Epidemien. Berlin und Hamburg: Assoziation A.

Domin, Hilde (1959): Nur eine Rose als Stütze. Gedichte. Frankfurt a. M.: S. Fischer Verlag.

Dutschke, Rudi (1967): Zu Protokoll, Interview mit Günter Gaus, 03.12.1967. Transkript: https://www.rbb-online.de/zurperson/interview_archiv/dutschke_rudi.html, Video: https://www.youtube.com/watch?v=SeIsyuoNfOg&ab_channel=LeoDietrich (28.4.2022)

Fleck, Ludwik (1980): Entstehung einer wissenschaftlichen Tatsache. Frankfurt a. M.: Suhrkamp.

Heidegger, Martin (2006): Sein und Zeit. Berlin: de Gruyter.

Kaleck, Wolfgang (2021): Die konkrete Utopie der Menschenrechte. Ein Blick zurück nach vorn. Frankfurt a. M.: S. Fischer Verlag.

Meadows, Dennis, Meadows, Donella H. (1972): Die Grenzen des Wachstums. Bericht des Club of Rome zur Lage der Menschheit. München: Deutsche Verlagsanstalt.

Pausewang, Gudrun (1987): Die Wolke. Ravensburg: Maier.

Pelluchon, Corine (2021): Das Zeitalter des Lebendigen. Eine neue Philosophie der Aufklärung. Darmstadt: wbg Academic.

Petras, Kathryn und Petras, Ross (2011): »Dance first. Think later.« 618 Rules to Live by. United States: Workman Publishing.

Picasso, Pablo (2006): Leben und Werk. Köln: DuMont.

Pigou, Arthur Cecil (1920): The Economics of Welfare. London: Macmillan.

Platon (1986): Apologie des Sokrates Kriton. Stuttgart: Reclam.

Proust, Marcel (1953–1961): Auf der Suche nach der verlorenen Zeit. Frankfurt a. M.: Suhrkamp.

Reza, Yasmina (1996): Kunst. Komödie. Aus dem Französischen von Eugen Helmlé. Lengwil: Libelle-Verlag.

Tarkowski, Andrej (1985): Die versiegelte Zeit. Gedanken zur Kunst, zur Ästhetik und Poetik des Films. Aus dem Russischen übersetzt von Hans-Joachim Schlegel. Berlin: Ullstein.

Von Foerster, Heinz (2022): Wissen und Gewissen: Versuch einer Brücke. Frankfurt a. M.: Suhrkamp.

Von Redecker, Eva (2020): Revolution für das Leben. Eine Philosophie der neuen Protestformen. Frankfurt a. M.: S. Fischer Verlag.

Von Weizsäcker, Ernst U., Lovins, Amory B. und Lovins, L. Hunter (1996): Faktor Vier: Doppelter Wohlstand, halbierter Naturverbrauch. München: Droemer Knaur.

Welzer, Harald (2013): Selbst denken. Eine Anleitung zum Widerstand. Frankfurt a. M.: S. Fischer Verlag.

Autorinnen und Autoren

Markus N. Beeko, geb. 1967, ist Generalsekretär und Leiter der globalen Steuerungsgruppe zu »Menschenrechten im digitalen Zeitalter« von *Amnesty International.*

Jacob Sylvester Bilabel, geb. 1970, leitet seit Sommer 2020 das *Aktionsnetzwerk Nachhaltigkeit,* eine spartenübergreifende Anlaufstelle für das Thema Betriebsökologie im Bereich Kultur und Medien. 2009 gründete er die paneuropäische *Green Music Initiative (GMI),* eine unabhängige, branchenübergreifende Denkfabrik, die für den Musik- und Entertainmentsektor europäische Netzwerkprojekte erarbeitet. Aktuell entwickelt die *GMI* als Teil eines Konsortiums mobile Wasserstoff-Brennstoffzellen für den Einsatz auf Veranstaltungen.

Katja Berlin, geb. 1980 in Berlin, ist Autorin und Kolumnistin. 2010 startete sie mit Peter Grünlich ein Blog mit lustigen Infographiken. Ihr erstes Buch »Was wir tun, wenn der Aufzug nicht kommt« verkaufte sich über 250 000-mal. Vierzehn Bücher, darunter weitere Bestseller, folgten. Sie schrieb Kolumnen für das *Handelsblatt Magazin* und die *Berliner Zeitung.* Seit 2015 erscheinen ihre »Torten der Wahrheit« in *Die Zeit.* Seit 2022 podcastet sie zusammen mit Gunda Windmüller als »Fix und Vierzig«.

Friedrich von Borries, Prof. Dr., geb. 1974, Architekt, ist Professor für Designtheorie an der *HFBK Hamburg.* Er agiert in den Grenzbereichen von Stadtentwicklung, Architektur, Design und Kunst.

Faute Couture, geb. 1994, packt seine persönlichen Traum- und Albtraumwelten in verquere Zeilen und verteilt diese dann auf hoffnungsschimmernden Beats. Manchmal landen sie auch einfach nur auf dem Papier.

Ursula Cyriax, geb. 1953, macht seit 1977 Performances und Ausstellungen in Europa, USA und Afrika. Von 1980 bis 1997 arbeitete sie an Fernseh- und Kinofilmen als Autorin und Art Direktorin mit. Seit 1979 macht sie Graphik- und Designarbeiten und seit

1984 ist sie als Kuratorin tätig. Sie gründete das *Atelier-MC* mit Prof. Johanna Michel und absolvierte eine Ausbildung zur Glückstrainerin am *Fritz-Schubert-Institut*. www.atelier-mc.de

Reinhild Dettmer-Finke, geb. 1959, realisiert Dokumentarfilme für *Arte, ARD, ZDF.* Sie arbeitet als Trainerin, prüft Filme für FBS und FSK und ist in der *GRENZGÄNGER*-Jury an der *Robert-Bosch-Stiftung.* Sie studierte Germanistik, Politik und Pädagogik.

Philip Elsen, geb. 1978, ist Politiklehrer und Fachleiter Politik und Sozialwissenschaften am *Beethoven-Gymnasium* Berlin. Durch seinen Politikunterricht und verschiedenste analoge und digitale Nachhaltigkeitsprojekte gewannen seine Schüler*innen schon Wettbewerbe und Preise, darunter zweimal den bundesweiten Schülerwettbewerb der *Bundeszentrale für Politische Bildung.* Sein aktuelles Projekt ist es, in Kooperation mit der »C2C« NGO, das Beethoven-Gymnasium zur ersten »Cradle to Cradle« Schule Berlins umzugestalten.

Baro Vicenta Ra Gabbert, geb. 1997, ist Juristin und lebt in Berlin. Mit der *Climate Clinic* gründete sie die erste deutsche Rechtsberatung für Klimaaktivist*innen. Sie moderiert und doziert zur Rolle des Rechts in der Klimakrise, zuletzt für die *Studienstiftung des deutschen Volkes.* Für die Klimaschutzorganisation *GermanZero* bringt sie den Entwurf eines pariskompatiblen Gesetzespakets in die Bundespolitik ein.

Thomas Gebauer, geb. 1955, studierte Psychologie und war von 1996 bis 2018 Geschäftsführer von *medico international.* Gemeinsam mit Ilija Trojanow schrieb er das Buch »Hilfe? Hilfe! – Wege aus der globalen Krise« (Fischer 2018), in dem er sich mit den Gründen des in der Welt herrschenden Elends auseinandersetzt. Heute arbeitet Thomas Gebauer als freier Publizist in Frankfurt, wo er mit dem von ihm kuratierten »Utopischen Raum« gerade eine zivilgesellschaftliche »Global Assembly« vorbereitet.

Dana Giesecke ist Soziologin, seit 2011 Leiterin der Stiftung *FUTURZWEI. Stiftung Zukunftsfähigkeit* und seit 2017 Kulturkorrespondentin von *taz.FUTURZWEI Magazin für Zukunft und Politik.* Sie hat bis 2011 die *Geschäftsstelle der Deutschen Gesellschaft für Soziologie (DGS)* in Essen geleitet.

Torsten Grosch und Haike Rausch entwickeln als Künstlerduo 431art konzeptuelle transdisziplinäre Projekte und arbeiten mit einem medialen Cross-over. Ihre Arbeiten bewegen sich an der Schnittstelle von Alltag und wissenschaftlicher Recherche. Sie erkunden den Raum, für den sie entworfen werden, ebenso in einer historischen Dimension, wie sie gesellschaftsutopische Lösungen anbieten. Die Gründer des Langzeitprojektes *botanoadopt®* erfanden 2009 die weltweit einzige *Pflanzenklappe®* und vermittelten im gleichen Jahr Geldbaum »Lehman« an ein Geldinstitut. Ihre Arbeiten sind international zu sehen und Teil öffentlicher Sammlungen. www.botanoadopt.org, www.431art.org

Donia Hamdami ist Designerin und lehrt transformative Gestaltung und Didaktik. Vorrangig interdisziplinär am *Hasso-Plattner-Institut, Universität Potsdam*. In der Praxis nutzt sie jede künstlerische Ausdrucksform, um Abenteuerlust, kreatives Selbstvertrauen, Verständigung und Empathie zu verstärken und schöpft humorvolle Ideen aus vertrauten Kommunikationsschwierigkeiten. Sie ist Mitinhaberin der *FC Magnet Bar Berlin*, Botschafterin des *Flussbad Berlin e. V. & Eco City Wünsdorf.*

Christian Hiß, geb. 1961, ist Unternehmer in der Biobranche. Er gründete mit 21 Jahren seinen ersten Bio-Betrieb und 2006 die *Regionalwert AG Bürgeraktiengesellschaft* in der Region Freiburg. Einen berufsbegleitenden Masterstudiengang schloss er mit der Thesis »Nachhaltigkeit im Geschäftsbericht landwirtschaftlicher Betriebe« ab. Mit »Richtig rechnen in der Landwirtschaft« hat er Methoden zur Integration von Nachhaltigkeit in die klassische Betriebsbilanz entwickelt, die weit über die Landwirtschaft hinaus Anwendung finden. Christian Hiß ist Autor und Vortragsredner zu Nachhaltigkeitsthemen.

Shai Hoffmann, geb. 1982, ist Sozialunternehmer, Aktivist und Autor. Seit 2017 initiiert er deutschlandweit Projekte mit dem Bus der Begegnungen, *DemokratieBus* oder dem *TinyHouse-Grundgesetz*. Dabei möchte Hoffmann Menschen außerhalb seiner Filterblase begegnen und mit ihnen ins Gespräch kommen. Derzeit arbeitet er mit seinem Unternehmen *Gesellschaft im Wandel* an der Erstellung von Bildungsvideos für die deutsche Bildungslandschaft und gibt das Demokratiemagazin *DemosMag.de* heraus.

Marlies Jensen-Leier, geb. 1950 in Schleswig. Fischerstochter. Nach Volksschule und Lehre bei der Stadt Schleswig war sie zehn Jahre Wahlkreisassistentin eines Europaabgeordneten. Ab 1991 war sie persönliche Mitarbeiterin des SPD-Bundesvorsitzenden. Nach der »Schubladenaffäre« 1993 stieg sie aus dieser Berufstätigkeit aus und arbeitet seitdem als Autorin. Sie leitete ehrenamtlich eine *Agenda 21-Gruppe*, die Bürgerinitiative *Zukunftswerkstatt Schleswig* und gründete 2020 mit Dorothee Tams die Bewegung *VON UNS AUS*.

Wolfgang Kaleck ist Generalsekretär der juristischen Menschenrechtsorganisation *European Center for Constitutional and Human Rights* (ECCHR)in Berlin. Jüngst hat er »Die konkrete Utopie der Menschenrechte« veröffentlicht.

Peter Kowalsky, geb. 1968, ist Brau-Ingenieur, Lebensmitteltechnologe und Unternehmer. *FUTURZWEI* verdankt er die Begegnung mit seiner Frau, Luise Tremel, mit der er das Zukunftsfähige-Getränke-Unternehmen *INJU* führt. In einem früheren Leben entwickelte er gemeinsam mit seiner Familie die *Bionade*.

Claudia Langer, geb. 1965, führte es von der Umweltbewegung in die Werbung und mit der Gründung von *Utopia.de* dann wieder zurück. Sie führt heute die *Generationen Stiftung* in Berlin und kämpft mit vielen anderen für Generationengerechtigkeit. Man trifft sie immer seltener auf dem roten Teppich und deutlich wahrscheinlicher: verschwitzt im Garten.

Marlene Charlotte Limburg, geb. 2002, versucht eine gute Mischung aus nachhaltigem Aktivsein und persönlicher Krisenprävention zu finden. Im Jahr 2018 hat sie über die Fotografie zu *FUTURZWEI* gefunden und ist der Stiftung zuerst durch ein Schüler*innenpraktikum und dann durch ein *Freiwilliges Ökologisches Jahr* verbunden. Seit ein paar Jahren beschäftigt sie sich viel mit Ausdruck und storytelling in der Menschenfotografie.

Joy Lohmann, geb. 1965, ist in Peru und einer niedersächsischen Kleinstadt aufgewachsen. Er ist seit 1984 auf regionaler und internationaler Ebene als Künstler, Designer, Visual Storyteller, Graphic Recorder, Illustrator, Autor und Aktivist aktiv. Aus seinem Büro und Atelier in Hannover-Linden entwickelt und organisiert er Events und Erlebniswelten, Kampagnen, Plattformen und Projekte. Er beschäftigt sich hauptsächlich mit den Themen Klimawandel, Gemeinwohl und gesellschaftlicher Wandel. www.joy-art.de www.open-island.org www.m4h.network

Lea Luttenberger, geb. 1996, sucht nach Schnittstellen zwischen Disziplinen. Dafür hat sie nach ihrem Master in Psychologie ein

Bachelorstudium in Französisch und Skandinavistik angefangen. Ihr Interesse an Sprachen versucht sie mit Inhalten aus den Bereichen Sozialökologie und Feminismus zu verbinden. Manchmal entsteht dabei ein Kreuzworträtsel. Sie ist freie Mitarbeiterin bei *FUTURZWEI*.

Johannes Merck, Dr. phil., geb. 1957, war zwischen 1990 und 2020 als Direktor Corporate Responsibility verantwortlich für die Entwicklung und Umsetzung der Nachhaltigkeitsstrategie der *Otto Group*, eines international operierenden Handels- und Dienstleistungskonzerns. Seit 1993 ist Merck auch Vorstand der *Umweltstiftung Michael Otto*. Er gehört zahlreichen Gremien an und hält eine Honorarprofessur an der HNE Eberswalde.

Klaus Milke, geb. 1950, lebt in Hamburg und ist heute Vorsitzender der *Germanwatch*-nahen und in Bonn ansässigen Stiftung Zukunftsfähigkeit. und Ehrenvorsitzender von *Germanwatch*. Er ist zudem Chair der Steering Group der internationalen Stiftungsplattform Foundations 20 von über 80 Stiftungen im G20-Kontext. Weiterhin ist er mit der Stiftung Zukunftsfähigkeit Gesellschafter von *atmosfair*, einer Initiative für klimafreundlichere Flüge.

Christa Müller, Dr., geb. 1960, ist Soziologin und leitet die *anstiftung* in München. Sie forschte in Spanien, Zentralamerika und Westfalen zu Bauernbewegungen und Modernisierungsprozessen. Seit den Nullerjahren forscht sie zur DIY-, speziell zur Urban-Gardening-Bewegung. Sie gab 2011 den Band »Urban Gardening« heraus. 2013 erschien »Stadt der Commonisten« (Baier / Müller / Werner) und 2016 »Die Welt reparieren. Open Source und Selbermachen als postkapitalistische Praxis« (Baier / Hansing / Müller / Werner).

Lisa D. / Elisabeth Prantner, Freischaffende Modeschöpferin, lebt in Berlin und Österreich. Kontinuierliche Produktion und Präsentation von jährlich mehreren Kollektionen seit 1984. 2011 eröffnete sie das Veränderungsatelier *Bis es mir vom Leibe fällt*. Im Jahr 2019 gründete Lisa D. das Label Become A-Ware / Retourenrettungjetzt! und gewann damit 2019 den Preis des *Fonds Nachhaltigkeitskultur*. 2019 erschien ihr Buch »KLÄÄSCH« im Maro Verlag. 2021 begann sie am Dokumentarfilm »Fulfillment« zu arbeiten

Milo Rau, geb. 1977, ist Autor, Regisseur und Intendant des NTGent (Belgien).

Katja Riemann ist Theater- und Filmschauspielerin, leitete fünf Jahre eine Jazzband und nahm mehrere Alben auf. Seit 20 Jahren ist sie für *Unicef* tätig und arbeitet sowohl mit *Amnesty International* als auch mit *UNHCR* zusammen. 2020 veröffentlichte sie im S. Fischer Verlag ihr erstes Sachbuch über humanitäre Arbeit und arbeitet derzeit an ihrem nächsten Buch, das voraussichtlich 2023 veröffentlicht werden wird. Letztes Jahr erschien ihr Dokumentarfilmdebüt als Regisseurin über eine Filmschule in Moria bei *arte*.

Ute Scheub, Dr., freie Autorin in Berlin, hat mittlerweile 23 Bücher veröffentlicht. Ihr letztes ist ein Klimakrimi für Jugendliche mit Happy End: »Der große Streik der Pflanzen«.

Paula Steingäßer, geb. 2000, studiert Geschichte und Philosophie in Freiburg im Breisgau. Sie möchte die Wirklichkeit, in der wir leben, besser verstehen und mitgestalten können. Nebenbei besucht sie Fortbildungen im Bereich der Permakultur, auf denen sie lernt, lebendige Systeme zu designen. Darüber hinaus arbeitet sie an Schreibprojekten und übt, in ihrem Kopf und Alltag einen Gegenentwurf zur kapitalistischen Lebenslogik aufzubauen.

Amadeus Templeton engagiert sich als Kulturunternehmer mit gemeinnützig organisierten Initiativen für eine offene Gesellschaft. Der Schwerpunkt seiner Arbeit liegt in der Realisierung künstlerisch-sozialer Impulse, durch die er neue Formen einer partizipativen Publikumsbeteiligung entwirft. Er ist geschäftsführender Gesellschafter der von ihm mitbegründeten TONALi gGmbH, der TONALiSTEN gGmbH sowie der PARTi GmbH. Zudem ist er Beiratsmitglied des OPUS KLASSIK, Gastdozent der privaten *Universität Witten-Herdecke*, Produzent, Herausgeber und Autor.

Bernhard Thome, geb. 1957, Koch-Gärtner und manchmal noch Künstler. Lebt in Berlin mit Beziehung zu schönen Landschaften mit guten Winzern und Weinen.

Luise Tremel, geb. 1983, hatte die große Ehre, die ersten sechs *FUTURZWEI*-Jahre intensiv mitzugestalten. Der Stiftung weiterhin als Fellow verbunden, versucht sie sich seit 2018 selbst im transformativen Wirtschaften und führt gemeinsam mit Peter Kowalsky das Unternehmen *INJU*. Luise ist Historikerin, Transformationswissenschaftlerin und Mitbegründerin des *Club der guten Zukunft*.

Thorsten Trietsch, geb. 1970, ist seit 2005 Gesellschafter der Design-agentur *LINIENLAND* in Offenbach. Davor war er Dorfkind, wollte Trucker in Australien werden, hat sich aber dann doch lieber für Gestaltung entschieden. Heute lebt er mit seiner fünfköpfigen Familie in Darmstadt.

Ernst Ulrich von Weizsäcker, Prof. Dr., geb. 1939, war von 1972 bis 1975 Professor für Biologie an der *Universität Essen.* Er war Präsident der *Universität Kassel* von 1975 bis 1980. 1981 wurde er Direktor am *UN Zentrum für Technologie* bis 1984, als er das Amt des Direktors des *Instituts für Europäische Umweltpolitik* in Bonn wurde. Von 1991 bis 2000 war von Weizsäcker Präsident des *Wuppertal Institut für Klima, Umwelt, Energie* und 1998 bis 2005 Mitglied des *Deutschen Bundestages* (SPD). Ab 2002 war er Vorsitzender des Umweltausschusses. In den Jahren 2006 bis 2008 Dean an der *School of Environmental Science & Management* in Santa Barbara. 2011 wurde er Honorarprofessor an der *Universität Freiburg.* 2012 bis 2018 war von Weizsäcker Kopräsident des *Club of Rome.* www.ernst.weizsaecker.de

Marc Wagner, geb. 1981, ist Anlagenmechaniker-Meister in der Fachrichtung Heizungs-Sanitär und Klimatechnik. Seit 2019 ist er interessiert und aktiv in den Bereichen Entschleunigung, Konsumverzicht, Verkehrswende Fahrrad und CO^2-Neutralität. Er ist Mitglied in den Vereinen 3 fürs Klima, NABU Schiffweiler, ADFC Saarland und Unterstützer von *Fridays for Future.*

Harald Welzer, Prof. Dr., geb. 1958, ist Soziologe und Sozialpsychologe, Mitbegründer und Direktor von *FUTURZWEI,* Leiter des *Norbert-Elias-Center for Transformation Design* an der *Europa Universität Flensburg* sowie ständiger Gastprofessor für Sozialpsychologie an der *Universität Sankt Gallen.* Er ist Autor zahlreicher Bücher zu gesellschaftspolitischen Fragen und Nachhaltigkeit. Daneben ist er Herausgeber von *taz.FUTURZWEI. Magazin für Zukunft und Politik.*